藤原さんちの
毎日ごはん
みきママ
②

家族の笑顔を
見るのが私の
いちばんの喜び！

> 毎日のごはん作り。
> こんなことを心がけてます

お久しぶりです。みきママこと藤原美樹です。
1冊めの『藤原さんちの毎日ごはん』は、思いがけず
たくさんの人に読んでいただき、本当に感謝しています。
「料理が好きになりました」「家族にほめられた！」
そんな声がたくさん届き、私自身とても励まされました。

ブログではあいかわらず毎日のごはんを紹介していますが
変わらない私に比べて、子供たちの成長ぶりはすごい！
はる兄は小学生、れんちびも幼稚園に入り、
ふたりとも、驚くほど食べるようになってきました。
週6000円の予算を守るのも
だんだんむずかしくなってきているけれど、
そこはアイデアでカバー！
盛りつけや彩りを工夫したり、お店の味をマネしてみたり、
節約しながら少しでも豪華に、
外食気分も味わえるように考えて。
おいしいごはんで家族を笑顔にすること、
食卓の雰囲気を楽しく盛り上げること——
それが主婦である私の役目かなと思っています。

2冊めのこの本では、新しく増えたレパートリーのなかから
家族に好評だったものを選びました。
おかずのアレンジ、おもてなしの料理、
お店気分の一品料理などなど…。
安くて簡単でおいしい！ が自慢！
気軽な気持ちで作ってもらえたら、とってもうれしいです!!

1 家族が喜ぶメニューを考えます

献立は週に1度、まとめ買いの前に家族に食べたいものをリサーチ。リクエストにあがったものを中心に、バランスよく飽きない献立を考えています。たまにホットプレートや居酒屋おかずなど、家族が喜ぶテーマにすると、食卓も大盛り上がり！

2 簡単、スピーディにできることを

子供たちの世話に追われる毎日なので、ごはん作りにゆっくり時間がかけられません。だから、作り方はできるだけ簡単がモットー。省けることは省きつつ、おいしく手早く作れるように工夫しています。上手に手抜きするのも主婦の知恵ですよね。

3 晩ごはんの予算は週6000円が目安

節約はしたいけど、細かいことは苦手。予算を週約6000円と決めて、その範囲に収まるように買い物や献立の立て方を工夫しています。安い豚こま肉を使い回したり、旬の野菜や特売品中心にやりくりして、ボリュームを落とさず予算をキープ！

4 大皿で豪華に外食風に盛り上げて

メインもサブも、ときにはご飯ものも、大皿盛りがわが家のスタイル。バイキングのように大きなお皿をいくつも並べたり、カフェのようにワンプレートにしたり、盛りつけで楽しく豪華に見せると家族が大喜び。洗いものも減って、一石二鳥です！

藤原さんちの毎日ごはん ❷
contents

※材料や作り方に出てくる表示の目安は以下のとおりです。　大さじ1=15cc　小さじ1=5cc　1カップ=200cc

▶ 食材別インデックスはP96～97をご覧ください

家族の笑顔を見るのが
私のいちばんの喜び！ 4

毎日のごはん作りに
心がけている4つのこと 5

みきママ流
おかず大変身！
20のアイデア 8

肉じゃがから！ 10
カレーうどん・肉じゃがグラタン・和風オムレツ

筑前煮から！ 12
根菜ハンバーグ・肉まん（ピザまん）

きんぴらごぼうから！ 14
野菜たっぷりきんぴらサラダ・焼きとり屋さんのつくね
きんぴらかき揚げ丼

うの花から！ 16
ふわふわナゲット・うの花ドーナツ

おでんから！ 18
どでか☆ねぎ焼き・茶碗蒸し・炊き込みご飯

カレーから！ 20
サクサク！カレーパン

かぼちゃの煮ものから！ 21
かぼちゃプリン

クリームシチューから！ 22
ちゃんぽん風ラーメン・かにクリームコロッケ

みそ汁から！ 24
みそラーメン

中華スープから！ 25
切り餅で中華おこげ

おうちで
外食気分が味わえる～♪
みきママおすすめ！
7つの
ごちそう晩ごはん 28

家族みんなの「好き」を集めて
中華ごはん 30
あんかけ煮豚・棒々鶏サラダ・パラパラチャーハン
春雨のふかひれ風スープ

子供が喜ぶハンバーグで
ごちそうワンプレートごはん 34
トマト煮込みハンバーグ・パエリア風炊き込みご飯
マカロニサラダ・じゃがいものポタージュ

野菜たっぷり
ボリューム和風ごはん 38
豚こまでビッグカツ卵とじ・ふろふき大根の野菜あんかけ
ミックス即席漬け・具だくさんみそ汁

フライパンで作れるナンつき
本格！カレーごはん 42
トマトクリームカレー・フライパンで簡単ナン
タンドリーチキン・コブドレサラダ・サモサ餃子

予算は1500円以内で！
豪華なパーティごはん 46
サクサク☆クリスピーピザ・ミートローフ・かぼちゃの
デリサラダ・コーンポタージュ・濃厚フルーツヨーグルト

みんなで作るのが楽しい！
焼き肉ごはん 50
牛肉のうまだれ焼き・豚肉と長ねぎの豚トロ風炒め
バジルチキン・おかずラー油豆腐
焼き肉のたれでカルビクッパ・チョレギサラダ

おつまみたくさん！
居酒屋ごはん 54
えびのプリプリロング春巻き・鶏のごまごろも焼き
バリバリラーメンサラダ・のり塩ポテト・焼きおにぎり

毎日のごはん作りに役立ちます！
藤原さんちのラクうまおかず＆ボリュームごはん 60

しっかり味つけでご飯がすすむよ〜♪
がっつり肉おかず 62
スペアリブ・甘辛ローストチキン・鶏と大根のカチャトーラ
肉汁たっぷり！ 羽根つき餃子・黒こしょうシュウマイ
牛肉のオイスター炒め・梅しそとんかつ

ソースや野菜でかさ増ししちゃおう
魚のボリュームおかず 66
シュリンプガーリック・いわしのカラフル甘酢ソースがけ・鮭のカレークリームソース・あさりと豚の酒蒸し・たらと野菜の中華重ね蒸し・ぶりとれんこんと豆腐の照り焼き・さばのみぞれ煮

子供たちもよく食べてくれるよ！
野菜たっぷりのおかず 70
カラフル野菜のチリソース・もやしとベーコンのホイル焼き
なすのしょうが焼き風・ゴーヤのみそ炒め・本格！ 野菜炒め
レタスたっぷりの生春巻き・鶏と大根の韓国煮

揚げたり炒めたりで、ボリュームアップ！
ヘルシー豆腐のおかず 74
高野豆腐のから揚げ・本格！ 麻婆豆腐
豆腐のステーキ たっぷりきのこソース

時間がないときは道具ひとつでラクチン
簡単！ 超スピードごはん 76
3種のたれで豚しゃぶ・トマト鍋・ラーメン鍋
栄養満点！ たこ焼き・モダン焼き・ビビンバチャーハン
フライパンで牛こますき焼き

ファミレスに行った気分でおいし〜!!
ごちそう豪華ごはんもの 80
デミグラオムライス・きのこのチーズリゾット・さつまいもと栗のドリア・フライパンで ごぼうの混ぜご飯・韓国風まぐろのづけ丼
簡単！ おいなりさん・ラクチン！ ちらし寿司

和・洋・中・エスニック、いろいろありま〜す！
家で作れるおいし〜麺 84
油そば・鶏パイタン麺・パッタイ・なすとトマトのボロネーゼ
鶏と白菜のパスタグラタン・夏野菜の塩だれそうめん
ぶっかけうどん

あともう1品ほしい！ そんなときにおすすめの
野菜のサブおかず 88
ピーマンのきんぴら・ごぼうの中華風漬けもの・たけのこメンマ
3品目のコールスロー・デリ風ポテトサラダ・オイキムチ

具だくさんだから食べごたえあり！
ほかほか〜おかずスープ 90
和風ミルクスープ・フォー風スープ・ブイヤベース風スープ
オニオングラタンスープ・担々みそスープ・シチューポットパイ

手軽でおいしい！
手作りのたれ＆ドレッシング 92
食べるラー油・バーニャカウダソース・しそだれ
焼きとりのたれ・わりした・コブドレッシング

いろいろ使える
作りおきの肉そぼろ 93
肉そぼろ・和風キーマカレー・卵とじ丼・ジャージャーうどん

みきママ魔法のアイデア集
おいしく手際よく。料理のちっちゃなコツ 26
便利な片栗粉。とっても役に立ってます！ 27
食材を上手に使ってラクに節約しましょ〜！ 58
意外な活用もあり！ アイデアが勝負☆ 59
子供に食べさせる工夫を楽しみましょ 94
切り方や道具の使い方にひと工夫してます！ 95

前の晩に作ったものをアレンジ！

みきママ流おかず大変身！20のアイデア

残りものを翌日そのまま出すと、家族は「また？」って感じで、あまり手が伸びないんです。だから、残ったおかずは家族の好きな料理にアレンジ！ 味も形も変えると、まるで違う料理になるからみんなよく食べる〜！ 食材がムダにならず、作る手間もかからない"変身おかず＆おやつ"、おすすめですよ。

びっくり＆おいし〜い！

中華スープが

おこげに！

ドーナツに♪

うの花が

いちから作らなくてもいいから
ラクチ〜ンです！

アレンジって面倒、むずかしそう…と思う人も多いと思いますが、じつは普通に作るよりラク！　すでに味がついているから作るのも早いし、形を変えるのも「つぶす」「刻む」「包む」「とじる」の4パターンでできちゃう。お手軽です！

つぶす
食感を変えちゃおう！

ごろっとしたじゃがいも、にんじん、かぼちゃなどの食材が、フォークでつぶせばとろ〜り、なめらかな食感に。オムレツやコロッケの具、プリンなどおやつにもなる！

刻む
細かくすると混ぜやすい！

ハンバーグ、おでん、きんぴら…なんでもOK。細かく刻めば、いろんな料理の具になります。肉に混ぜて焼いたり、炊き込みご飯の具にしたり、アレンジも自在！

包む
具として使いましょ

ペースト状のものや煮もの、炒めものなどは皮や生地で包むのも手。カレーや筑前煮なら、パン生地で包めば、子供の好きなおやつパンが簡単に作れます！

とじる
卵や片栗粉が活躍〜

炒めものや煮もの、スープなどの具材を卵や水溶き片栗粉でとじると、卵とじやあんかけに変身！　簡単なわりに豪華に見えるので、家族のウケもバツグン。

ほっこりやさしい味わい 肉じゃがから！
nikujaga

ルウを溶かしてうどんを煮るだけ！

肉じゃがは和のおかずだけど
じゃがいも、にんじん、玉ねぎ
という具材は洋おかずにも
ぴったり。ホワイトソースや
カレーなどしっかりした味の中に
具として加えれば、
意外にも相性抜群です！

フライパンで一度に作っちゃおう！
肉じゃが

✿材料（4人分）

豚こま切れ肉	200g
玉ねぎ（くし形切り）	1個
にんじん（大きめの乱切り）	1本
しらたき（ざく切り）	1袋
じゃがいも（大きめの乱切り）	中3個
A おろししょうが	小さじ2
しょうゆ・みりん・酒	各大さじ3
砂糖	大さじ2
和風顆粒だしの素	大さじ1

✿作り方

1 フライパンにA以外の材料を入れて火にかける。肉をほぐしながら中火で炒め、肉の色が変わったら水2カップ、Aを加えて強火にかける。
2 煮立ったらアクを取り、ふたをして弱火で15〜20分煮込む。火を止めて余熱で味をふくませる。

arrange そのまま カレーうどん

肉じゃがは具材といっしょに煮汁も加えると、だしがきいたお店の
カレーうどんの味に！　煮汁が足りないときは、だし汁を入れてね。

✿材料（1人分）

肉じゃが…具100g＋煮汁½カップ
生うどん…1玉
カレールウ…1片（25g）
長ねぎ（みじん切り）…少々
片栗粉

✿作り方

1 深めの鍋に水1と¼カップ、カレールウ、肉じゃがと煮汁、うどんを入れて強火にかける。
2 うどんがゆで上がったら水溶き片栗粉（片栗粉小さじ2、水小さじ2）を加えてとろみをつける。器に盛り、ねぎを添える。

arrange つぶす 肉じゃがグラタン

つぶした肉じゃがに、小麦粉と牛乳を加えてソースを作っちゃいます。味つけいらずでラクチン！

✿材料(1人分)
肉じゃが　200g
牛乳　1と½カップ
ピザ用チーズ　50g
小麦粉

✿作り方
1 肉じゃがはフォークなどで粗くつぶし（硬いときはレンジにかけるとつぶしやすくなる）、肉は食べやすく刻む。
2 1を耐熱ボウルに入れて小麦粉大さじ2をふり、具になじませたら、牛乳を少しずつ加えながら混ぜる。電子レンジ600Wで6～7分加熱し（途中で3回取り出してそのつどスプーンで混ぜる）、様子を見ながらなめらかなソースにする。
3 2をグラタン皿に入れてピザ用チーズをのせ、900Wのオーブントースターで10分ほど焼く。

ソースはレンジで簡単に作れます

子供も大好き。喜んでくれま～す！

ランチにもおすすめです

arrange つぶす 和風オムレツ

肉じゃがをつぶして卵と混ぜて焼くだけ！具だくさんだから、食べごたえのある一品ですよ。

✿材料(2人分)
肉じゃが　150g
卵　3個
バター　大さじ2
マヨネーズ　ケチャップ

✿作り方
1 肉じゃがはフォークなどで粗くつぶし（硬いときはレンジにかけるとつぶしやすくなる）、肉は食べやすく刻む。ボウルに入れ、溶き卵を加えて混ぜる。
2 フライパンにバターを溶かし、1を流し入れて強火にかける。箸で全体を混ぜ、卵を奥に寄せながらフライパンを傾けて形を整える。
3 器に盛り、マヨネーズ、ケチャップを各適量飾り、あればパセリのみじん切りをのせる。

野菜たっぷり、定番の味！
筑前煮から！
chikuzenni

よく筑前煮を作るんですが、子供たちは煮ものの野菜はちょっと苦手。なんとか食べてほしいなと思って、細かく刻んでハンバーグや肉まんの具にしてみたんです。こうすると根菜も残さずもりもり食べる！ やったね！

arrange 刻む 根菜ハンバーグ

筑前煮は根菜を細かく細かく刻んで、ひき肉とよく混ぜるのがコツ。和の味つけを生かしているので、あっさりしたポン酢しょうゆが合いますよ。

❀材料（2人分）
- 筑前煮（鶏肉と里いもを除いて細かく刻む） 100g
- 豚ひき肉 300g
- 卵 1個
- じゃがいも（皮ごとくし形に切る） 2個
- コーン缶（汁を捨てる） 小1缶
- 大葉 4枚
- 大根おろし 上部¼本分
- パン粉　サラダ油　ポン酢しょうゆ

❀作り方
1 ボウルに筑前煮、ひき肉、卵、パン粉大さじ4をよく混ぜ、4等分して成形する。
2 フライパンにサラダ油大さじ½を熱し、1を並べて中火で焼く。両面焼き目がついたら水½カップを加え、煮立ったらふたをして蒸し焼く。水分がなくなったらふたをとり、竹串を斜めに刺して透明な肉汁が出たら火を止める。
3 別のフライパンにサラダ油大さじ3を熱し、じゃがいもを中火で両面揚げ焼く。焼き色が軽くついて竹串が通ったら取り出す。
4 器にハンバーグを盛り、大葉、水けを絞った大根おろしをのせてポン酢しょうゆをかける。コーン、3のフライドポテトを添える。

細かく刻んで肉と混ぜるだけ

火を止めてから味をしみ込ませて
筑前煮

❀材料（4人分）
鶏もも肉（ひと口大に切る）	1枚
ごぼう（乱切り）	1本
水煮たけのこ（乱切り）	1個（150g）
こんにゃく（スプーンでひと口大にちぎる）	1枚
干ししいたけ（3カップの水でもどして半分に切る）	3～4個
れんこん（薄切り）	小1節（150g）
にんじん（乱切り）	1本
里いも（半分に切る）	小4個
A しょうゆ	大さじ4
みりん・酒	各大さじ3
砂糖	大さじ2
和風顆粒だしの素	大さじ1強
サラダ油	

❀作り方
1 フライパンにサラダ油大さじ½を熱し、鶏肉、ごぼう、たけのこ、こんにゃくを強火で炒める。鶏肉の色が変わったら干ししいたけともどし汁を加える。沸騰したらアクを取り、**A**を加えて中火で5分煮る。
2 1にれんこん、にんじん、里いもを加え、ときどき混ぜながら13～15分煮込む。火を止めて余熱で味をふくませる。

おかずにも、おやつにも！ おいし～

肉まん

刻む・包む

刻んだ筑前煮にひき肉を混ぜると肉感がアップ。生地はホットケーキミックス。簡単なのに、味はめちゃ本格的です！

ホットケーキミックスですぐできる！

材料(3個分)
- 筑前煮(鶏肉と里いもを除いて細かく刻む) 100g
- 豚ひき肉 100g
- ホットケーキミックス 150g
- オイスターソース 大さじ1
- 砂糖 片栗粉

作り方
1 フライパンに筑前煮、ひき肉を入れて中火で炒める。肉の色が変わったらオイスターソース、砂糖小さじ1を加えてひと混ぜし、水溶き片栗粉(片栗粉小さじ1、水小さじ2)を加えてとろみをつける。

2 ボウルにホットケーキミックス、水120ccを混ぜ、マドレーヌ型(アルミ箔製)の高さ半分まで流し入れる。1の具を等量のせ、残りの生地をかぶせて整える(具が見えていてもよい)。

3 フライパンに水¼カップを入れ、2を並べて火にかける。沸騰したらふたをして弱火で10分蒸す。

具を変えればピザまんにも！
同じ生地でバリエーションを増やしてみて！
材料 ホットケーキミックス150g、市販のミートソース大さじ3、ピザ用チーズ適量
作り方 肉まんの作り方2、3の要領で、具をミートソース(カレースプーン1杯)、ピザ用チーズに変える。

甘辛濃いめ！ご飯のお供に欠かせない
きんぴらごぼうから！
kinpiragobou

味がしっかりついている
きんぴらごぼうはアレンジ向き。
サラダにしたり、肉と混ぜたり、
かき揚げにしたり。
メインからサブおかずまで
何にでもリメイクできるから
最後まで飽きずに食べきれます！

皮ごとささがきにすれば栄養満点！
きんぴらごぼう

❀ 材料(4人分)

ごぼう(ささがきにして水にさらす)	大1本
にんじん(せん切り)	1本
A しょうゆ・みりん	各大さじ2
酒・砂糖	各大さじ1
白いりごま	適量
ごま油	

❀ 作り方

1 フライパンにごま油大さじ1を熱し、ごぼうとにんじんを強火で炒める。全体に油が回ったら**A**を加え、中火で味をからめる。
2 器に盛り、いりごまをふる。

しっかり味のきんぴらが
ドレッシングがわりに

arrange そのまま
野菜たっぷりきんぴらサラダ

きんぴらごぼうを生野菜にのせるだけで、一品できあがり〜！
濃いめの味がドレッシングがわりになって、野菜がたくさん食べられます。

❀ 材料(3〜4人分)

きんぴらごぼう	100g
A 白練りごま・マヨネーズ	各大さじ1
酢	大さじ½
玉ねぎ(繊維に直角に薄切り)	⅛個
レタス(手でちぎる)	3〜4枚
プチトマト(へたを取って半分に切る)	3〜4個
白いりごま	適量

❀ 作り方

1 ボウルにきんぴらごぼうと**A**をあえる。玉ねぎは15分ほど水にさらし、もみ洗いする。
2 器にレタスを盛り、玉ねぎを散らして**1**のきんぴらをのせる。まわりにプチトマトを飾り、いりごまを散らす。

しっかり味だからアレンジも簡単！

焼きとり屋さんのつくね

焼きとり好きの家族は、このつくねが大好き！
きんぴらごぼうでかさ増しできるから、ひき肉も少なめでOK。

材料（3人分）
きんぴらごぼう（細かく刻む）　60g
豚ひき肉　200g
おろししょうが　小さじ¼
卵（卵黄と卵白に分ける）　1個分
A ｜ しょうゆ　大さじ1と½
　｜ 酒・みりん・砂糖　各大さじ1
　｜ 片栗粉　小さじ½
片栗粉

作り方
1　ボウルにきんぴらごぼう、ひき肉、おろししょうが、卵白、片栗粉小さじ1を混ぜ合わせる。よくこねて6等分にし、手に水を少しつけて成形する。
2　フライパンを熱して1を並べ、両面焼き目をつける。水¼カップを注ぎ、沸騰したらふたをして中火で4〜5分ほど火を通し、いったん皿に取り出す。
3　フライパンに水大さじ1と½、Aを入れ、片栗粉を完全に溶かして火にかける。木べらで混ぜ、とろみがついたら2のつくねを戻し入れ、全体にからめて取り出す。竹串などを刺して卵黄といっしょに盛る。

細かく刻んで肉に混ぜるだけ

きんぴらかき揚げ丼

ころもをつけるだけの超簡単アレンジです。たれをかけて丼にすると、ご飯がめちゃすすむ〜！　ランチにもおすすめ。

材料（2人分）
きんぴらごぼう　100g
A ｜ 小麦粉　大さじ4
　｜ 酢　小さじ1
B ｜ しょうゆ・砂糖　各大さじ2
　｜ 酒　大さじ1
　｜ 片栗粉　小さじ½強
ご飯　丼2杯
サラダ油

作り方
1　ボウルにきんぴらごぼうと水大さじ3、Aを混ぜる（粉っぽさが残るくらいでよい）。
2　フライパンにサラダ油大さじ3を熱し、1の生地を半量ずつ落とす。弱めの中火で両面に焼き色をつけたら、何度か裏返し、カリッと揚げ焼く。
3　小鍋に水大さじ3、Bを入れ、片栗粉を完全に溶かして中火にかける。木べらでかき混ぜながら、とろみをつける。器にご飯を盛り、2のかき揚げをのせてたれをかける。

粉に酢を混ぜるとサクサク〜

ヘルシーでおいしい節約おかず
うの花から！
unohana

なるべく細かく刻むと肉となじむよ〜

うの花の材料はおから。
豆腐と同じと考えれば
アレンジの幅がぐーっと
広がるんです。
ひき肉に混ぜてナゲットに、
ホットケーキミックスに混ぜて
ドーナツに！　ぜひ試してみて！

野菜も入れてバランスよく！
うの花

✿ 材料（6〜8人分）

生おから	300g
にんじん（せん切り）	½本
れんこん（いちょう切り）	小½節（75g）
油揚げ（短冊切り）	1枚
しいたけ（薄切り）	3個
A　酒・みりん・砂糖	各大さじ2
しょうゆ	大さじ4
和風顆粒だしの素	大さじ½

✿ 作り方
深めのフライパンまたは鍋に水3カップと材料をすべて入れ、強火にかける。沸騰したらときどきかき混ぜながら中火で15分ほど、水分がほとんどなくなるまで炒め煮する。

arrange 刻む
ふわふわナゲット

うの花に味がついてるから、味つけはまったくナシ！
食感は、サクサク、ふわふわでやわらか〜。子供たちも大好きな一品です。

✿ 材料（12個分）

うの花（細かく刻む）	300g
豚ひき肉	150g
キャベツ（せん切り）	⅙個
きゅうり（斜め薄切り）	½本
トマト（8等分に切る）	½個
サラダ油　片栗粉	

✿ 作り方
1 ボウルにうの花、ひき肉を混ぜ合わせ、厚さ2cmくらいの小判形にまとめる。
2 フライパンにサラダ油大さじ3を熱し、1に片栗粉を全体にまぶして、弱めの中火で両面を揚げ焼く。焼き色がついたら何度か裏返し、カリッと焼く。
3 器に盛り、キャベツ、きゅうり、トマトを添えて好みのドレッシングをかける。

うの花でかさ増し！
お肉少なめで大満足ですよ！

素朴な味わいで
びっくりするほど
おいし～い！

arrange 刻む うの花ドーナツ

うの花でドーナツ!? なんて驚きでしょ。でも食べてみると絶品！
あっさりヘルシーで生地はふわふわ。揚げたてをぜひ！

❁材料(6〜7個分)
うの花(具をできるだけ細かく刻む)…150g
ホットケーキミックス　150g
卵　1個
牛乳　小さじ2
砂糖　サラダ油　粉砂糖

❁作り方
1　ボウルにうの花、ホットケーキミックス、卵、牛乳、砂糖大さじ1と½を混ぜ合わせ、厚手のビニール袋に入れて、角を斜めに1cmほど切り落とす。
2　フライパンにサラダ油を高さ1cmほど注いで熱し、**1**の生地をドーナツ形に丸く絞り出す。弱めの中火で揚げ、色づいたら裏返して弱火で2分ほど揚げる。最後に少し火加減を強めて10秒ほどカリッと揚げる。熱いうちに粉砂糖適量をまぶす。

みんな大好き！鍋の定番 おでん から！ oden

2日めのおでんは、だしとうまみがたっぷりしみていい味！ ざくざく刻んでお好み焼きや茶碗蒸し、炊き込みご飯の具にすると何も味つけしなくても充分なおいしさです！

下煮なしで簡単に作れます！
おでん

✿材料（4～6人分）

大根（2cm厚さの輪切り）	½本
ゆで卵	4個
にんじん（大きめの乱切り）	1本
こんにゃく（三角に切る）	1枚
練りもの（4～6種）	12個
はんぺん（4等分に切る）	1枚
A しょうゆ・みりん・酒	各大さじ2
和風顆粒だしの素	大さじ1
昆布だしの素	小さじ1
塩	小さじ1

✿作り方

土鍋に水7カップ、**A**を入れて火にかけ、沸騰したら大根、ゆで卵、にんじん、こんにゃく、練りものの順に入れる。ふたをして弱めの中火で25分ほど煮る。途中ではんぺんを加える。

だしがきいてて お店の味みたい！

arrange 刻む どでか☆ねぎ焼き

本場、大阪のねぎ焼きはだしがきいて、こんにゃく入り。だから、おでんだねを具にしても、めちゃ合う！ もちろんねぎもたっぷり入れてね。

✿材料（26cmのフライパン1枚分）

おでんのたね（細かく刻む）…大根、
　こんにゃく、練りもの計4個
おでんの煮汁…180cc
万能ねぎ（小口切り）…½束
小麦粉　サラダ油　ソース
　マヨネーズ　青のり　かつお節

✿作り方

1 ボウルにおでんのたね、小麦粉100gを入れ、おでんの煮汁を少しずつ加えながら泡立て器でなめらかに混ぜる。

2 フライパンにサラダ油大さじ½を熱し、**1**の生地を薄く広げる。すぐに万能ねぎをのせ、中火で焼く。

3 生地が固まってきたら皿にスライドさせて移し、フライパンに裏返して戻す。弱火で両面に火を通し、最後は中火で10秒くらい焼きつける。器にのせ、ソース、マヨネーズ、青のり、かつお節を好みで各適量かける。

arrange とじる 茶碗蒸し

かまぼこも練りものだから、おでんの練りものでも
違和感なし。煮汁も、だし汁がわりにして最後までムダなく！

✿材料（3個分）
おでんのたね（粗く刻む）
　…3種類各1個
卵…3個
おでんの煮汁…1と½カップ
A ┃ 和風顆粒だしの素
　　　…小さじ½
　　しょうゆ…小さじ2
　　砂糖・片栗粉…各小さじ1

✿作り方
1 器に刻んだおでんのたねを等分に入れてフライパンに並べる。
2 ボウルに卵を溶きほぐし、おでんの煮汁を加えてこしながら、1の器に注ぐ。フライパンに器の高さの⅓まで水を入れて火にかける。沸騰したら弱めの中火にしてふたをし、12分蒸す（竹串を刺して透明な汁が出ればよい）。
3 小鍋にA、水¾カップを入れ、片栗粉を完全に溶かして火にかける。木べらでかき混ぜてとろみをつけ、2にかける。

おでんの汁を使えば
味つけの必要なし

具は大きめに切ると
きれいにできるよ

味がしみ込んでるから、
おいしさアップ！

arrange 刻む 炊き込みご飯

味がしみたおでんと煮汁があれば、調味料いらず。餅を
入れて炊くと、もち米で炊いたかのようなもちもちの食感！

✿材料（2合分）
米（といでおく）…2合
おでんのたね（大きめに切る）
　…野菜、練りもの計5個
おでんの煮汁…適量
切り餅…1個
刻みのり…適量

✿作り方
1 炊飯器に米、おでんの煮汁（2合の目盛より少なめ）を入れ、おでんのたね、餅をのせて炊飯する。
2 炊き上がったらすぐ炊飯器を開け、溶けた餅とご飯を混ぜる。器に盛り、刻みのりをのせる。

とろ〜り、野菜もいっぱい カレーから！ curry

たくさん作ったカレーは、翌日うどんやグラタンにしていたけれど、最近、パンにアレンジできることを発見！ホットケーキミックスの生地なら思い立ったときにすぐできちゃう。おやつにもぴったりです。

はちみつを加えてグ〜ンとおいしく
コクうまカレー

❀ 材料（8人分）

豚こま切れ肉	300g
じゃがいも（大きめの乱切り）	2個
玉ねぎ（薄切り）	2個
にんじん（乱切り）	1本
はちみつ	大さじ1
カレールウ（甘口以外）	1箱（200g）
サラダ油	

❀ 作り方

1 フライパンにサラダ油大さじ1を熱し、豚肉、じゃがいも、玉ねぎ、にんじんを炒める。箱の表記どおりの水を加えてアクを取りながら弱めの中火で20分煮る。

2 火を止めてルウを溶かし、はちみつを加えて弱火でとろみがつくまで5〜10分ほど煮る。

パン粉を2度づけするとサックサクだよ！！

arrange 包む
サクサク！カレーパン

ポイントは水溶き片栗粉でしっかり固めること。ゆるいと揚げたときにはみ出るので気をつけて。カレーはたっぷり包むとおいしい！

❀ 材料（3個分）

カレー	180g
ホットケーキミックス	150g
バター	大さじ1
片栗粉　パン粉　サラダ油	

❀ 作り方

1 小鍋にカレーを入れて温め、水溶き片栗粉適量を加えてかためにとろみをつけてさます。

2 ボウルにホットケーキミックス、水大さじ3、常温でやわらかくしたバターを入れ、ゴムべらで混ぜる。ある程度混ざったら手で軽くこね、ラップに包んで常温で30分おく。

3 **2**を3等分し、手に粉（小麦粉）をつけて生地を長さ15cmほどの楕円形に伸ばす。中央にカレー1/3量をのせ、半分に折りたたむ（生地の合わせ目を折り返し指でつぶすようにしっかり押しつける）。残りも同様に作り、生地全体に水をつけてパン粉を2度づけする。

4 フライパンにサラダ油を高さ1cmほど注いで熱し、**3**を並べる。弱めの中火できつね色に両面揚げ焼き、何度か返して表面をカリッとさせる。

おやつにもおすすめですっ

ほくほく やさし〜い甘さ
かぼちゃの煮ものから！
kabocha no nimono

かぼちゃの煮ものが余ったら
その甘さを生かして
おやつにしちゃいましょ。
かぼちゃはしっかりつぶせば
口あたりもなめらか。
もとは煮ものだなんて
とても思えません！

甘さはお好みで調節してね
かぼちゃの煮もの

✿ 材料（4人分）

かぼちゃ（ひと口大に切る）	½個（約500g）
A しょうゆ	大さじ2
砂糖・みりん	各大さじ2
酒	大さじ1
和風顆粒だしの素	小さじ1

✿ 作り方

フライパンにかぼちゃ、**A**、水1カップを入れる。かぼちゃの皮を下にし、ふたをして弱火で12〜15分煮る。火を止めて余熱で味をふくませる。

子供に人気のデザートも
簡単にできちゃう！

arrange つぶす
かぼちゃプリン

味に深みのある煮ものから作れば、コクのあるプリンに。
カラメルを作るとき、熱湯を加えるとはねるけど、すぐにふたをすれば大丈夫！

✿ 材料（直径9cmのココット3個分）

かぼちゃの煮もの……150g
牛乳（レンジで温める）……1カップ
卵……2個
砂糖

✿ 作り方

1 小鍋に水大さじ1、砂糖50gを入れて中火にかける。砂糖が溶けてきたら鍋をゆすって混ぜ、濃い茶色になってきたら火を止めて湯大さじ2を加える（はねるのですぐふたをする）。全体を混ぜ、ココットに均等に流し入れて冷蔵庫で少し固める。

2 ボウルにかぼちゃの煮ものを入れてマッシャーや棒でつぶし、牛乳、卵、砂糖大さじ3の順に加える。そのつど泡立て器で混ぜ、なめらかにして**1**に注ぐ。

3 フライパンに**2**を並べ、容器の高さ⅓くらいまで水を入れてアルミ箔を全体にかぶせる。ふたをして火にかけ、沸騰したら弱火で13分蒸す。火を止めてふたをしたまま余熱でさらに15分ほどおく。粗熱がとれたら冷蔵庫で2時間ほど冷やす。食べるときに好みで生クリームを絞っても。

クリームシチューから！

子供が喜ぶ わが家の定番メニュー

cream stew

アレンジしにくそうなクリームシチューだけど、のばしたり固めたり、濃度を変えるとまるで違う料理にできるんです。
調味料を足せばなんと中華にも！ 意外なおいしさに家族もびっくり！

隠し味は粉チーズ！
クリームシチュー

❀材料（6人分）

鶏もも肉（ひと口大に切る）	2枚
玉ねぎ（薄切り）	2個
バター	大さじ3
牛乳	4カップ
じゃがいも（4等分に切る）	3個
にんじん（乱切り）	1本
固形コンソメの素	4個
粉チーズ	大さじ3
ほうれん草（下ゆでして5cm長さに切る）	1/3束
塩　こしょう　小麦粉	

❀作り方

1 フライパンにバターを溶かし、鶏肉、玉ねぎを中火で炒め、塩、こしょう各少々で味をつける。肉の表面が焼けたら弱火にして小麦粉大さじ6を加え、全体を混ぜて牛乳を少しずつ加え混ぜる。

2 1に水3カップ、じゃがいも、にんじんを加えて中火で煮立て、アクを取る。固形コンソメの素を加え、弱めの中火で20分煮る。仕上げに粉チーズ、ほうれん草を加えてひと混ぜし、味をみて足りなければ塩、こしょうでととのえる。

濃厚な味わいでやみつきになる〜

arrange つぶす

ちゃんぽん風ラーメン

シチューを牛乳でのばし、鶏ガラスープやオイスターソースなどで味つけを中華に一新！ 麺を入れたら、ホントにちゃんぽんみたい。

❀材料（2人分）

クリームシチュー……300g

A
- 牛乳……1カップ
- おろしにんにく……小さじ1
- おろししょうが……小さじ1/2
- 粉末鶏ガラスープの素……小さじ1
- オイスターソース・ごま油……各小さじ1

中華麺……2玉
長ねぎ（みじん切り）……少々
かまぼこ（赤）（細切り）……1/3個
白いりごま……適量

❀作り方

1 鍋にクリームシチューを入れ、木べらで野菜を粗めにつぶす。水1カップ、**A**を加えて温める。

2 別の鍋に湯を沸かして中華麺を袋の表示どおりにゆでる。しっかり湯切りして1の鍋に加え、ひと煮立ちしたら器に盛る。長ねぎ、かまぼこを飾り、いりごまをふる。

片栗粉を使えば簡単にまとまります

つぶす かにクリームコロッケ

シチューを使えば、ホワイトソースを作ったり冷やしたりの手間もかかりません。水溶き片栗粉でしっかり固めるのが成功の秘訣！

❀材料（2人分）
クリームシチュー（多めの汁と野菜）　300g
かに棒かまぼこ（ざく切り）　2本
リーフレタス　2〜3枚
プチトマト　4個
片栗粉　パン粉　サラダ油　ソース

❀作り方
1　フライパンにシチューとかに棒かまぼこを入れ、木べらで具をざっくりつぶして中火にかける。グツグツしてきたら水溶き片栗粉（片栗粉大さじ2、水大さじ2）を加えて混ぜ、箸で持ち上げられるくらいのかたさに固める。
2　1の粗熱がとれたら手に水をつけて4等分し、ハンバーグ形に成形する。水をつけてパン粉を2度づけする。
3　フライパンにサラダ油大さじ3を注ぎ、中火で2を揚げ焼く。片面に焼き色がついたら裏返してサラダ油大さじ1を加え、何度か返してカリッと焼く。器に盛り、リーフレタス、プチトマトを添えてソースをかける。

まったく違う形に大変身！

みそ汁から！
miso soup

ほかほかご飯との組み合わせは最高〜

元みそ汁とは思えない本格的な味！

朝のみそ汁は多めに作って、
お昼のラーメンに
そのまま利用！
前のページで紹介した
ちゃんぽん同様、
味つけごと変えて
和から中華に大変身です。

じゃがいもと玉ねぎのみそ汁
野菜たっぷり、ホッとする味

❀材料（6人分）

じゃがいも（いちょう切り）	1個
玉ねぎ（薄切り）	中½個
和風顆粒だしの素	小さじ1強
万能ねぎ（小口切り）	適量
みそ	

❀作り方

1 鍋に水5カップ、じゃがいも、玉ねぎを入れて火にかける。途中でアクを取り、じゃがいもがやわらかくなったら、みそ大さじ4と½、和風顆粒だしの素を溶き入れる。
2 器に盛り、万能ねぎを散らす。

arrange そのまま みそラーメン

ラーメンはスープが命。でも、みそ汁ベースならかつおだし入りでうまみ充分。家にあるいつもの調味料で本格的な味になりますよ。

❀材料（1人分）

みそ汁 … 2カップ
豚こま切れ肉 … 50g
A [おろしにんにく … 小さじ½
 しょうゆ・粉末鶏ガラスープの素
　　… 各小さじ1
 ごま油 … 小さじ2]
中華麺 … 1玉
半熟卵（熱湯で7分ゆでる）… ½個
コーン缶、のり、長ねぎ（みじん切り）、バター … 各適宜

❀作り方

1 鍋にみそ汁を入れて火にかけ、温まってきたら豚肉、Aを加える。中華麺は別の鍋で袋の表示どおりにゆでる。
2 1の豚肉の色が変わったらゆでた中華麺を加え、サッと混ぜて火を止める。
3 器に盛り、半熟卵をのせる。好みで長ねぎ、コーン、のり、バターなどをのせる。

麺が大好きな家族に大好評なんですよ！

わが家でよく作る定番スープのひとつ

中華スープから！
chinese soup

中華スープに片栗粉でとろみをつければあんかけに！
スープからメインおかずに大変身です。
ここで紹介するお餅以外にもご飯、焼きそばなどにかけてもおいしいよ！

いつもの調味料で簡単に作れる！
中華スープ

✿材料(6人分)
豚バラ薄切り肉(食べやすく切る)	100g
水煮たけのこ(細切り)	30g
乾燥きくらげ	6個
干ししいたけ(スライス)	6枚
にんじん(せん切り)	1/3本
A 粉末鶏ガラスープの素	小さじ2
しょうゆ・オイスターソース	各大さじ2
ごま油	小さじ2
塩　うまみ調味料　こしょう	

✿作り方
鍋に水5カップと豚肉、たけのこ、きくらげ、しいたけ、にんじん、**A**を入れて火にかける。中火で煮てアクを取り、ふたをしてにんじんがやわらかくなったら、塩、うまみ調味料各ひとつまみ、こしょう少々で味をととのえる。

スープの残りに とろみをつけるだけ！

arrange とじる　切り餅で中華おこげ

切り餅は小さく切って揚げるとぷくぷくふくらんで、楽しい！　食感もおこげのようにサクサクです。仕上げはスープにとろみをつけてかけるだけ。

✿材料(2人分)
中華スープ(具は少なく、スープが多め)
　　　　　　　1と1/4カップ
切り餅(8等分に切る)　2個
サラダ油　片栗粉

✿作り方
1 フライパンにサラダ油を高さ5mm注いで熱し、間隔をあけて餅を並べる。餅がふくらみはじめたら箸で返し、弱めの中火で全面を揚げ焼く。全体がふくらんだらバットにあげる。
2 鍋に中華スープを煮立て、水溶き片栗粉適量でとろみをつける。
3 **1**を器に盛り、**2**のあんと、あればパセリを添える。

みきママ魔法のアイデア集！ ①
毎日ごはんの小さな工夫

おいしく手際よく。料理のちっちゃなコツ

料理って、ちょっとしたワザを知っていると、どんどん手早くじょうずに作れるようになります。私も実践しているこれらのアイデアは、小さなことだけど役立ちますよ〜！

豆腐の水きりはシンクに立てれば簡単！
パックを一部だけ切ってシンクのふちに立てると、豆腐の重みで水がどんどん流れる！ 私はこの方法を知ってからずっとコレです！

調味料は先に合わせておきましょう
短時間で調理する炒めものは、手早さが大切。調味料をあらかじめ合わせておくと、途中でサッと加えられるので食感や彩りを損ないません。

ゆで卵は氷水につけるときれいにむける！
卵はゆでたあと、氷を入れた水でよ〜く冷やすのがコツ。充分に冷やしてから殻をむくと、きれいにつるんとむけます。温泉卵も半熟卵もこれで失敗なし！

少ない油で揚げるときは何度も返すのがコツ
両面に焼き色がついたら、何度か裏返して焼きつけると表面がカリッとしておいしい！ 少ない油は後処理もラクなので、揚げものも気軽にできますよ。

緑色の野菜は最後に加えると色鮮やか
炒めものや汁ものに入れるほうれん草、にら、いんげんなどの野菜は色が悪くなりやすいので最後に投入。色よく、おいしそうに仕上がりますよ！

ポタージュはホワイトソースで濃厚〜に
バターと小麦粉でホワイトソースを作り、牛乳とミキサーでつぶした野菜を加えると、コクのあるポタージュに！ 牛乳だけで作るより量も増えて節約！

照り焼きは、焼いてからたれを煮つめると失敗なし！
肉や魚を焼いたらいったん取り出し、調味料だけ煮つめるのがポイント。とろとろになってから戻せば、たれもつやつや、おいしそうに見える！

温め直せるもの、冷やすものから先に作る
サラダやスープなど、冷蔵庫で冷やすもの、温め直せるものは先に作り、炒めものや揚げものはあとに。この順で作れば品数が多くても慌てません。

牛こまはごま油をもみ込むとかたくならない！
牛肉は火を通しすぎるとかたくなる心配があるけど、焼く前にごま油をもみ込んでおけば大丈夫。風味よく、食感もやわらかく仕上がります。

片栗粉でとじれば
あんかけがすぐできる〜

あんかけにすると、どんな料理もごちそうに見えるんです。水溶き片栗粉は濃度によってとろみのつき具合が変わるから、少しずつ加えて調整して。

肉の下味つけに使うと
調味料がよくからむよ

しょうゆや砂糖などの調味料といっしょに片栗粉をもみ込むと、粉の力で調味料がよくからんで下味がしっかりつきます。おいしさを逃さないというわけ！

シチューを固めて
コロッケにするときにも！

P23で紹介したシチューからクリームコロッケへのアレンジは、シチューを固めるために片栗粉が大活躍。汁けをまとめてころもをつけやすくしてくれます。

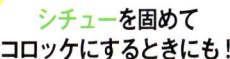

揚げものにまぶすと、
サックサクの食感です！

鶏のから揚げや野菜などを揚げるときは、小麦粉より片栗粉をまぶすとおいしい！ 表面はカリッ、中はサクッとして、とっても香ばしくできますよ！

肉にもみ込むと、
とろ〜っとやわらか〜！

炒めもの、鍋などに肉を入れるとき、片栗粉をまぶしておくと、食感がやわらか〜！ 安い肉やパサつく胸肉も食べやすくなります〜！

えびの下ごしらえにも
使いますよ

えびの下処理にも使える片栗粉。塩といっしょにもみ込むと汚れがよく取れるんだ。もみ込んでおいて洗い流せば、臭みがとれてプリプリに仕上がる〜！

チヂミの生地に入れると
パリッサクッでおいし〜

チヂミはお好み焼きと違い、食感をカリカリにしたいもの。そこで生地を作るとき、片栗粉を加えます！ いい具合にカリッとしますよ〜。

チーズフォンデュにも
じつはこれが活躍なんです

牛乳に片栗粉を溶かして火にかけ、ピザ用チーズを加えればとろ〜りチーズフォンデュのでき上がり！ 片栗粉の力で濃厚チーズの雰囲気が楽しめます。

とろみをつけてから
溶き卵を落とすとふわふわ〜

かき玉がじょうずに作れない人は、水溶き片栗粉でとろみをつけてから、溶き卵を静かに流してみて。放っておくだけで、ふわふわ卵ができちゃうよ！

便利な片栗粉。
とっても役に立ってます！

私の料理にいちばんよく登場するのは片栗粉かも！ 何に使うの？ と思った人は上のアイデアを見て。食感を変えたりまとめたり、味をからめたり大活躍。使いこなせば百人力です！

おうちで外食気分が味わえる～♪

みきママ
おすすめ！

7つのごちそう晩ごは

食卓が寂しいと、せっかくの晩ごはんの時間が楽しくなくなっちゃう。だから私の理想は"おうちで外食"気分！ みんなが食べたい料理がずらりと並んで、彩りがよく、パンチのある味でもりもり食べられる…そんなイメージで献立を考えています。紹介する7つのおすすめ献立も、安くてごちそう気分満点♪和食、洋食、中華に焼き肉…どれを選んでも絶対に盛り上がりますよ～！

今日も おいしいごはん、 作るぞ～！

> 今日は中華！

中華はまかせて！家族みんなの「好き」を作りましょ

大皿で取り分けながらワイワイ食べる中華は、藤原家の人気ナンバーワン。手早く作れてボリュームがあって、作るのも食べるのもうれしいんですよね。献立を決めるときは、家族の好きなものを1品ずつ入れればみんな大喜び！　肉好きなダンナのために角煮、子供たちにはチャーハン、私はさっぱり系のサラダが欲しいから、今日はこの組み合わせ。さっぱりとこってり、味のバランスが決め手！

今日の晩ごはんは〜　　4人分960円

- あんかけ煮豚
- 棒々鶏サラダ
- パラパラチャーハン
- 春雨のふかひれ風スープ

手早く
おいしく
作るには…

時間がかかる煮豚とサラダを先に。
２品ずつ進めます

4品作る場合は、2品ずつ準備が基本。この場合は、時間がかかるメインとサラダから先に作り、鶏肉を余熱で調理する間に残り2品を用意。チャーハンができると同時に4品出せますよ。

圧力鍋があれば作るのも簡単！

あんかけ煮豚

バラでも肩ロースでも作れますが、さっぱり食べたいなら肩ロースで。普通の鍋ならやわらかくなるまで40分以上煮込んでね。とろとろ野菜あんがおいし〜！

❀材料(作りやすい量)

豚バラブロック肉
　（長さ3等分に切る）…600ｇ
里いも(大きめの乱切り)…2個
れんこん(1cm厚さの輪切り)…½節(90g)

A｜おろししょうが…小さじ2
　｜長ねぎ(青い部分)…1本分

B｜オイスターソース…大さじ1
　｜しょうゆ…大さじ3
　｜砂糖…大さじ2
　｜八角(手で割る)…6かけ

片栗粉

1　焼きつけて余分な油を出します

フライパンに豚肉を並べ、強火で全体をこんがり焼く。

2　野菜を準備して〜

里いもとれんこんはラップをかけて、電子レンジ600Wで5分(れんこんは3分で取り出す)加熱する。

3　肉を煮ましょう

圧力鍋に1の豚肉とかぶるくらいの水、Aを入れて15分加圧。火を止めて自然放置する。

4　甘辛味で仕上げます！

フライパンに3のゆで汁1カップ、Bを入れて火にかける。煮立ったら2の野菜、3の豚肉を加え、強火で煮つめてからめる。肉を取り出して器に盛り、野菜は水溶き片栗粉(片栗粉大さじ½、水大さじ1)でとろみをつけ、たれとともに肉のまわりにのせる。

4品同時に作る手順はこちら〜♪

あんかけ煮豚	肉を焼きつける →	圧力鍋で煮る →	火を止めてそのままおく →	たれを作りからめる →
棒々鶏サラダ	肉をゆでる →	火を止めてそのままおく →	野菜を切る →	切り分けてたれをかける →
パラパラチャーハン	具材を切る →			炒める →
春雨のふかひれ風スープ	具材を切る →	溶き卵を加える →		温め直す →

できた〜！

鶏肉は余熱で火を通すとしっとりやわらか～
棒々鶏サラダ

✿材料(4人分)
鶏もも肉(まん中に切れ目を入れて左右に切り開く)…1枚
おろししょうが…小さじ1
長ねぎ(青い部分)…1本分
A │ 白練りごま・酢・しょうゆ・白いりごま…各大さじ1
 │ 砂糖…小さじ2
 │ ごま油…小さじ1
 │ 粉末鶏ガラスープの素…ふたつまみ
レタス(細切り)…½個
白髪ねぎ…少々
プチトマト(へたをとって半分に切る)…5個

✿作り方
1 フライパンにおろししょうが、長ねぎ、たっぷりの水を入れて火にかけ、沸騰したら鶏肉を入れる。煮立ったら火を止め、30分ほどおいて余熱で火を通す。
2 器にレタスを敷き、1の鶏肉をそぎ切りにして盛り、白髪ねぎ、プチトマトを飾る。Aをよく混ぜ合わせて食べるときにかける。

ご飯を焼きつけて水分をとばして
パラパラチャーハン

✿材料(4人分)
卵…1個
豚こま切れ肉…100g
温かいご飯…茶碗3杯分
長ねぎ(小口切り)…⅓本
A │ おろしにんにく…小さじ1
 │ 粉末鶏ガラスープの素…小さじ1
 │ うまみ調味料…適量
サラダ油　塩　こしょう
しょうゆ　砂糖　ごま油

✿作り方
1 フライパンにサラダ油大さじ1を熱し、塩、こしょう各少々をふった溶き卵を流し入れる。箸で混ぜ、ふんわり火が通ったら器に取り出す。
2 フライパンにサラダ油大さじ1を熱し、豚肉を炒める。しょうゆ大さじ1、砂糖小さじ2で調味し、ご飯、長ねぎを加えて中～強火で炒める(木べらで押しつけるように水分をとばして混ぜる。フライパンはゆすらない)。
3 1の卵を戻し入れ、Aを加えて炒め合わせる。仕上げにごま油小さじ2を回しかける。

乾物はもどさずにそのまま入れればラクチン！
春雨のふかひれ風スープ

✿材料(4人分)
豚こま切れ肉…50g
にんじん(せん切り)…⅓本
乾燥きくらげ…小5個
干ししいたけ(スライス)…大1個分
春雨…15g
A │ 粉末鶏ガラスープの素…大さじ1
 │ しょうゆ・オイスターソース…各大さじ1
 │ おろしにんにく・おろししょうが…各小さじ½
 │ ごま油…大さじ½
卵…1個
塩　こしょう　うまみ調味料
片栗粉

✿作り方
1 鍋に水4と½カップ、豚肉、にんじん、きくらげ、干ししいたけ、春雨を入れて火にかける。アクを取ってAを加え、味をみて塩、こしょう、うまみ調味料各適量で調味する。
2 水溶き片栗粉(片栗粉大さじ1と½、水大さじ2)を加えてとろみをつけ、溶き卵を回し入れる。卵が浮いてきたら火を止める。

> 今日は洋食！

子供が喜ぶごちそうワンプレート。メインは煮込みハンバーグです！

洋食の日は、おうちでレストラン気分が味わえるチャンス。かっこいいテーブルランナーを敷いて、トマトソースたっぷりのリッチなハンバーグに、ポタージュ、サラダ、炊き込みご飯。子供たちの大好き料理を、カフェ風にワンプレート盛りにしちゃう。すると、いつもと雰囲気が変わって新鮮！ 子供たちも、いつも以上によく食べるんだ〜。ニコニコうれしそうな顔を見てると、ママも幸せ！

今日の晩ごはんは〜　　4人分 **880円**

- トマト煮込みハンバーグ
- パエリア風炊き込みご飯
- マカロニサラダ
- じゃがいものポタージュ

ふわ～とろ～の
ハンバーグ。
パエリアは
炊飯器で作れるよ！

手早く おいしく 作るには…

炊飯器でパエリアを炊く間に、おかずを作っちゃおう！

煮たり混ぜたり行程がたくさんあるけど、慌てないで。まずは材料をまとめて切っちゃいましょ。炊飯器のスイッチを押したら、コンロやレンジを使って同時に下ごしらえ→そして調理へ！

❀ 材料（4人分）
豚ひき肉…400g
玉ねぎ（みじん切り）…1個
A ┃ パン粉…大さじ4
　┃ マヨネーズ…大さじ1
　┃ ナツメグ・オールスパイス…各3ふり
　┃ 塩…ふたつまみ
しめじ（根元を切り落として小房に分ける）…½パック
B ┃ トマト缶…1缶
　┃ ケチャップ…大さじ4
　┃ ソース…大さじ3
　┃ 酒…大さじ1
　┃ 固形コンソメの素…1個
　┃ 砂糖…大さじ½
バター…大さじ1

1 肉だねを用意して〜

ボウルにひき肉、玉ねぎ、Aを加えてよく混ぜる。4等分して成形する。

2 焼いて煮込みます

フライパンに1を並べ、中火で両面焼く。焼き色がついたら水1カップ、しめじ、Bを加えて煮立て、ふたをして弱火で10分煮る。

3 ソースを仕上げて完成！

ハンバーグを取り出して、残りのソースにバターを加えて中火でとろみがつくまで煮つめる。器にハンバーグを盛り、ソースをかける。

隠し味はマヨ！ 卵なしでできちゃいます！

トマト煮込みハンバーグ

ハンバーグはふたをして蒸し焼くと、中までちゃんと火が通るので失敗しません。たねに混ぜたマヨネーズで、肉汁感もいっぱい！

【4品同時に作る手順はこちら〜♪】

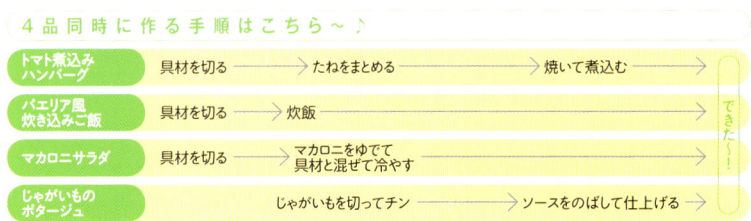

具を切ったら、あとは炊飯器におまかせ
パエリア風炊き込みご飯

✿ 材料（4人分）
- 米（といでおく）… 2合
- A
  - ケチャップ・オリーブ油 … 各大さじ1
  - 酒 … 大さじ2
  - おろしにんにく … 小さじ1
  - 塩 … 小さじ½
  - ターメリック … 小さじ½
- 固形コンソメの素 … 1個
- 玉ねぎ（みじん切り）… ½個
- にんじん（みじん切り）… ½本
- ソーセージ（斜め薄切り）… 6本

サフランは高価だけど、ターメリックならお手ごろ。本物のパエリアっぽい色で作れる。

✿ 作り方
炊飯器に米、Aを入れ、水を2合の目盛りまで注ぐ。固形コンソメの素、玉ねぎ、にんじん、ソーセージをのせて炊飯する。炊けたらざっくり混ぜ合わせる。

男子たちの大好物！野菜もたっぷり。なつかしい味わい
マカロニサラダ

✿ 材料（作りやすい量）
- にんじん（薄いいちょう切り）… ⅓本
- 卵 … 2個
- マカロニ … 150g
- 玉ねぎ（繊維を断って薄切りし、水にさらす）… ¼個
- きゅうり（小口切り）… 1本
- ハム（2等分して1㎝幅に切る）… 4枚
- A
  - マヨネーズ … 大さじ7〜8
  - 顆粒コンソメの素 … 小さじ1
  - 砂糖 … 小さじ1
  - 塩・こしょう … 各少々
- リーフレタス … 適量

ミキサーを使えばなめらか〜！濃厚だから食べごたえバツグン！
じゃがいものポタージュ

✿ 材料（作りやすい分量）
- じゃがいも（4等分に切る）… 3個
- バター … 大さじ2
- 牛乳 … 3カップ
- A
  - 砂糖 … 大さじ1強
  - 固形コンソメの素 … 2個
- 小麦粉　塩　こしょう

✿ 作り方
1 じゃがいもはラップで包み、電子レンジ600Wで6分加熱する。
2 鍋にバターを溶かし、小麦粉大さじ3を加えて弱火で焦がさないように炒める。
3 ミキサーに牛乳、じゃがいもを入れて撹拌し、2の鍋に少しずつ加えて混ぜる。水2カップ、Aを加え、中火でひと煮立ちさせ、味をみて塩適量、こしょう少々でととのえる。器に盛り、あればみじん切りしたパセリをふる。

✿ 作り方
1 耐熱ボウルににんじんを入れて少量の水をかけ、ラップをかけて電子レンジ600Wで1分加熱する。卵は鍋で10分ゆでて、4等分に切る。
2 鍋に湯を沸かし、マカロニを入れて袋の表示どおりにゆでる。ざるにあげて粗熱がとれたら、ボウルに入れ、1のにんじん、玉ねぎ、きゅうり、ハム、Aを加えて混ぜ合わせ、冷蔵庫で冷やす。
3 器にリーフレタスを敷いて2をのせ、ゆで卵をのせる。あればみじん切りしたパセリをふる。

今日は和食！

わが家の和食は
ボリューム感重視。
野菜をたっぷり使います！

カツとじは豚こまを重ねて〜。ジューシーで食べやすーい！

和食は大好きだけど、組み合わせによってはものたりなく見えてしまうのが難点。だから、できるだけ野菜をたっぷり使って、ボリュームアップを心がけてます。たとえばこの献立では、副菜、小鉢、汁ものと3品に野菜をどっさり入れて、彩りよく。メインのカツも、2人分の肉を卵でとじて大きく見せちゃう。食材をたくさん使えば、見栄えも栄養もバッチリ！　ごちそうできた〜!!

今日の晩ごはんは〜　4人分630円

- 豚こまでビッグカツ卵とじ
- ふろふき大根の野菜あんかけ
- ミックス即席漬け
- 具だくさんみそ汁

手早くおいしく作るには…

揚げものと同時に全部が仕上がるように作りましょ！

漬け時間が必要な漬けものから準備し、残りの料理の材料を切って大根の下ゆで、みそ汁を作ります。揚げたてを食べたいカツの卵とじが、最後に仕上がるように順序を考えて作業してね！

安い肉でゴージャスおかずができるよ！
豚こまでビッグカツ卵とじ

高いヒレやロースを買わなくても、豚こまをまとめればやわらかカツができちゃう。揚げ油も少ないから、後処理は汚れを拭きとるだけ！

❀材料（4人分）
- 豚こま切れ肉…300g
- 玉ねぎ（薄切り）…½個
- めんつゆ（3倍濃縮）…大さじ4
- 卵…4個
- 塩　こしょう　パン粉　サラダ油

1 肉を重ねてころもをつけて〜
豚肉は塩、こしょう各少々をふり、15×10cmくらいの長方形にまとめる。全体に水をまんべんなくつけ、パン粉適量を押しつけながらまぶす。上からもう一度水をつけてパン粉を2度づけする。

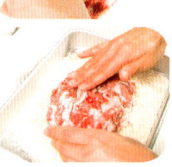

2 きつね色に揚げ焼きます
フライパンにサラダ油大さじ3を熱し、弱めの中火で**1**を両面揚げ焼く。いったん取り出して食べやすく切る。

3 カツを煮ます
フライパンの油を拭き、玉ねぎ、水¾カップ、めんつゆを入れてふたをし、中火にかける。玉ねぎがやわらかくなったら、フライ返しで**2**のカツを入れる。

4 卵でとじてでき上がり！
溶き卵をカツのまわりに流し入れ、少し火が通ったら箸でひと混ぜする。卵に火が通ったらすべらせるように器に移す。あれば斜め薄切りにした長ねぎ適量を飾る。

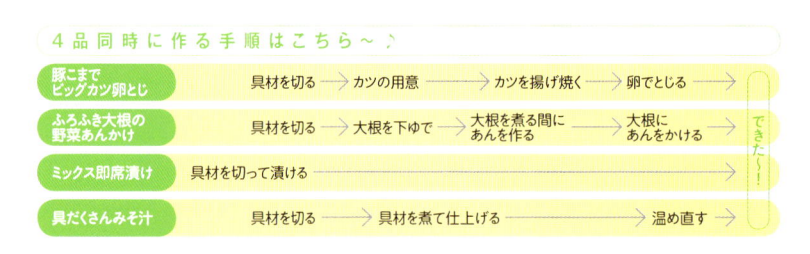

4品同時に作る手順はこちら〜♪

豚こまでビッグカツ卵とじ	具材を切る →	カツの用意 →	カツを揚げ焼く →	卵でとじる →	
ふろふき大根の野菜あんかけ	具材を切る →	大根を下ゆで →	大根を煮る間にあんを作る →	大根にあんをかける →	できた〜！
ミックス即席漬け	具材を切って漬ける ────────────────────→				
具だくさんみそ汁	具材を切る →	具材を煮て仕上げる ────→		温め直す →	

大根をゆでて野菜あんをかけるだけ！
野菜の甘みをたっぷり味わって～

ふろふき大根の野菜あんかけ

材料(4人分)
大根(2cm厚さに切り十字に切り込みを入れる)…½本
A｜昆布だしの素…小さじ2
　｜酒…大さじ1
豚ひき肉…100g
にんじん(せん切り)…⅓本
ほうれん草(ざく切り)…2株
B｜みそ…小さじ2
　｜しょうゆ・砂糖・みりん…各大さじ1
　｜和風顆粒だしの素…小さじ1
片栗粉

作り方
1 深めのフライパンまたは鍋に大根とかぶるくらいの水、米大さじ1(分量外)を入れて中火にかけ、20分ほど下ゆでする。竹串が通るくらいになったら取り出して洗う。
2 鍋に1の大根、水3カップ、Aを入れて、弱めの中火で10分煮る。
3 フライパンを熱してひき肉を炒め、色が変わったら水2カップ、にんじん、ほうれん草、Bを加える。にんじんがしんなりしたら水溶き片栗粉(片栗粉大さじ1強、水大さじ2)を加える。器に2を盛り、野菜あんをかける。

残った野菜は漬けものにしちゃおう。
手でちぎると味がしみやすくなるよ！

ミックス即席漬け

材料(4人分)
キャベツ(手でちぎる)…¼個
きゅうり(斜め薄切り)…1本
大根(1cm角、5cm長さの棒状に切る)…¼本
にんじん(薄いいちょう切り)…½本
A｜昆布だしの素…小さじ2
　｜砂糖…大さじ2
　｜酢…大さじ4
　｜塩…小さじ½
塩

作り方
ボウルに切った野菜を入れて塩小さじ½をもみ込み、ビニール袋に移す。水1カップ、Aを加えてよくもみ込み、冷蔵庫で1時間以上冷やす(ときどき返す)。

具材多めで汁ものも豪華に！
野菜たっぷり、ヘルシーです

具だくさんみそ汁

材料(4人分)
玉ねぎ(薄切り)…½個
にんじん(短冊切り)…⅓本
ほうれん草(ざく切り)…2株
乾燥わかめ…大さじ2(2g)
和風顆粒だしの素…小さじ1
みそ

作り方
鍋に水4カップ、具材を入れて火にかける。アクを取り、材料がやわらかくなったらみそ大さじ4、和風顆粒だしの素を溶き入れる。

> 今日は
> カレー！

人気のカレーは、フライパンで作れるナンをつけて食べましょ!

みんなが好きなカレーだから、ときには豪華にグレードアップ！ インド料理店に行った気分で、カレー尽くしを楽しみましょ。タンドリーチキンにサモサにナン…。むずかしそうに見えるけど、どれもすごく簡単!! ナンは発酵いらず。フライパンで簡単に作れちゃうんです。ダンナは、カレーにナンを添えると「店みたいだな〜」って大喜び。気軽なランチパーティにもおすすめですよ!!

今日の晩ごはんは〜　　4人分**860円**

- トマトクリームカレー
- フライパンで簡単ナン
- タンドリーチキン
- コブドレサラダ
- サモサ餃子

サモサや
タンドリーチキン…。
本格インド風に
見えるかな？

> 手早くおいしく作るには…

下味つけと煮込みものを先にやっておけば、あとは焼くだけ〜

最初にタンドリーチキンの漬け込みをしたら、ナンの生地を混ぜてねかせるまで、一気に作業しちゃいます。あとはカレーを煮込みながら、フライパンで3品を順に仕上げていくだけ！

ほんのりとした酸味とコクが絶妙なバランス
トマトクリームカレー

市販のカレールウなのに、何時間も煮込んだかのような本格的な味！ コクが出て、めちゃリッチです。トマト缶のかわりに生のトマトでも。

❀材料（6人分）
- 鶏もも肉（ひと口大に切る）…1枚
- 玉ねぎ（薄切り）…2個
- 牛乳…3カップ
- カレールウ（中辛）…1箱（200g）
- A
  - トマト缶…1缶
  - 生クリーム…1パック（180cc）
  - 砂糖…大さじ1と½
- バター…大さじ1
- サラダ油

1 具材を炒めましょ
深めのフライパン（または鍋）に、サラダ油少々を熱し、鶏肉、玉ねぎを中火で炒める。

2 煮込みます
肉の色が変わったら牛乳、水2カップを加え、沸騰したらアクを取る。いったん火を止めてカレールウを割り入れて溶かし、**A**を加えて弱めの中火で10分ほど煮る。仕上げにバターを加えて溶かす。

3 彩りよく仕上げて〜
器に盛り、好みでコーヒーフレッシュをかけ、あればパセリのみじん切りをのせる。

発酵なしだから簡単だよ〜
フライパンで簡単ナン

強力粉とベーキングパウダーなら発酵なしでスピーディ！ 生地を混ぜるときはベタつくけど、強力粉を手につければ扱いやすいよ。

❀材料（4枚分）
- 強力粉…200g
- ベーキングパウダー…7g
- バター…小さじ4
- 砂糖　塩　強力粉（手粉用）

1 生地をまとめてねかせて
ボウルに強力粉、ベーキングパウダー、砂糖10g、塩2g、水120ccを入れて、だまがなくなるまで手で軽く混ぜる。ラップに包んで常温に10分おく。

2 三角形に広げて〜
包丁で生地を4等分し、手でそれぞれ長さ25cmくらいの三角形に広げる（扱いにくいときは手粉をつける）。

3 フライパンで焼きましょ
フライパンにバター小さじ1を溶かし、弱めの中火で1枚ずつ焼く。片面が軽くきつね色になったら裏返し、両面を焼く。残りも同様に焼く。

漬け込んで焼くだけでむずかしいことなし
コブドレッシングでせん切り野菜もおいし〜!

タンドリーチキン&コブドレサラダ

✿材料(4人分)

タンドリーチキン

鶏もも肉(ひと口大に切る)…2枚
カレールウ…1片(25g)

A
- プレーンヨーグルト…大さじ7
- パプリカパウダー…小さじ2
- ケチャップ…大さじ3
- おろしにんにく・おろししょうが…各小さじ½
- 砂糖…大さじ1
- 塩…ふたつまみ

サラダ油

コブドレサラダ

キャベツ(細切り)…¼個
にんじん(細切り)…⅓本

B
- マヨネーズ…大さじ4
- ケチャップ…大さじ1
- 顆粒コンソメの素…小さじ1
- 酢・砂糖・粉チーズ…各小さじ1
- マスタード…小さじ½

✿作り方

1 耐熱容器にカレールウ、水大さじ3を入れ、ラップをかけて電子レンジ600Wで1分加熱し、ルウを溶かす。

2 ボウルに鶏肉、**A**、**1**を入れてよく混ぜ合わせ、20分漬ける。

3 フライパンにサラダ油大さじ½を熱し、余分な漬けだれを落とした**2**を並べて中火で両面焼く。焼き目がついたら弱火にしてふたをし、3分ほど蒸し焼く。

4 器に盛り、野菜を添え、混ぜ合わせた**B**をかける。

餃子の皮を使って揚げるだけ。ビールのお供にも

サモサ餃子

✿材料(30個分)

じゃがいも(4等分に切る)…2個
玉ねぎ(みじん切り)…¼個
カレールウ…½片(12g)
餃子の皮…30枚
サラダ油

✿作り方

1 じゃがいもはラップで包み、電子レンジ600Wで6分加熱する。取り出して熱いうちにつぶし、玉ねぎを加えて混ぜ合わせる。

2 耐熱容器にカレールウ、水大さじ2を入れ、電子レンジ600Wで40秒加熱する。**1**に加えて混ぜ、ふちに水をつけて餃子の皮で包む。

3 フライパンにサラダ油大さじ3を熱し、**2**を並べて両面をきつね色に揚げ焼く。器に盛り、あればクレソンを飾る。

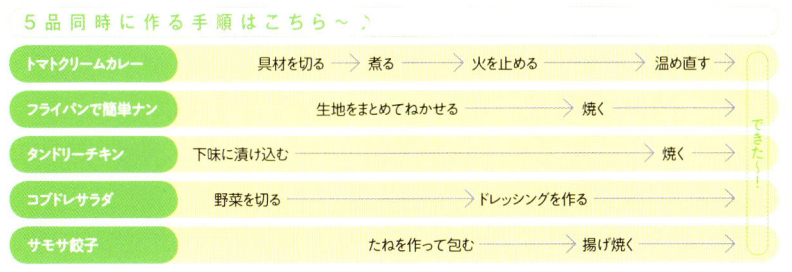

5品同時に作る手順はこちら〜♪

トマトクリームカレー	具材を切る →	煮る →	火を止める →	温め直す →
フライパンで簡単ナン		生地をまとめてねかせる →		焼く →
タンドリーチキン	下味に漬け込む →			焼く →
コブドレサラダ	野菜を切る →		ドレッシングを作る →	
サモサ餃子		たねを作って包む →		揚げ焼く →

今日は
パーティ！

予算は1500円以内!
大人も子供も
喜ぶものを
組み合わせます

ママ友や親せきが集まる日のように、ちょっと腕をふるいたいときって、何を作るか迷っちゃいますよね。私なら、みんなが喜ぶ洋食メニューで決まり！ 30cmのおっきなピザにソースたっぷりのミートローフ、コーンスープも鍋ごと出して、テーブルで取り分け。大皿盛りでバイキングっぽくすると、盛り上がって楽し～!!「明日もこれが食べたいな～」ってはる兄。また今度作ってあげるね！

特別な日は
ごちそういっぱ〜い。
がっつり腕を
ふるっちゃおう

今日の晩ごはんは〜　5〜6人分 1360円

- サクサク☆クリスピーピザ
- ミートローフ
- かぼちゃのデリサラダ
- コーンポタージュ
- 濃厚フルーツヨーグルト

> 手早く おいしく 作るには…

オーブンは2回転。ピザの焼き上がりに合わせて作ろ～！

ピザもミートローフもオーブン料理だから、時間差で使えるように準備。ピザの生地を作ってねかせている間に、ミートローフを焼きましょ。サラダやデザートは混ぜるだけだからラクチン！

発酵時間がいらないからスピーディに作れる！

サクサク☆クリスピーピザ

パイを作るように生地を折って層を作ると、サクサクでおいし～！何度もリクエストされるわが家の人気メニューです。

❀材料（直径30cm 1枚分）

〈生地〉
強力粉…60g
小麦粉…140g
バター…60g
塩…2g
砂糖…6g

〈具〉
じゃがいも（5mm厚さのいちょう切り）…1個
マヨネーズ・ピザ用チーズ…各適量

〈バーベキューソース〉
ケチャップ…大さじ5
しょうゆ・酢…各大さじ1
砂糖…小さじ1
マスタード…小さじ½

小麦粉（打ち粉用）

1 生地をまとめてねかせます

ボウルに生地の材料を入れ、水½カップを少しずつ加えて混ぜ、へらで切るように混ぜてまとめる（こねない。粉っぽさが残っていてよい）。ビニール袋に入れて冷蔵庫に1時間おく。

2 具とソースを準備して

耐熱皿にじゃがいも、水少々を入れ、ラップをかけて電子レンジ600Wで2分加熱する。バーベキューソースは混ぜておく。オーブンは230度に予熱しておく。

3 生地をのばして台を作って

めん棒とまな板に多めに打ち粉をし、生地をのせる。めん棒で10cmくらいに伸ばして半分に折りたたむ、を8回繰り返して生地に層を作る（べたつくのでそのつど打ち粉をする）。クッキングシートの上に生地をのせ、直径30cm、厚さ2mmくらいにめん棒で広げる。

4 オーブンで焼きま～す

3にバーベキューソース適量、2のじゃがいも、ピザ用チーズ適量の順にのせる。天板にキッチンシートごとピザをのせ、マヨネーズ適量をかけてオーブンで15分焼く。

5品同時に作る手順はこちら～♪

サクサク☆クリスピーピザ	生地をまとめてねかせる	→	台を作って具をのせる	→ オーブンで焼く
ミートローフ	たねを作る → 型に入れてオーブンへ	→ 取り出す	→ ソースを作る	
かぼちゃのデリサラダ	かぼちゃをチン → 仕上げて冷やす			
コーンポタージュ		ホワイトソースを作り仕上げる	→ 温め直す	
濃厚フルーツヨーグルト		生クリームを泡立てて材料を混ぜ合わせる	→ 冷やす	

できた！

いつものハンバーグが豪華なごちそうに変身！

ミートローフ

❀材料
（幅11.5×長さ21cmのパウンドケーキ型1個分）

豚ひき肉…500g
玉ねぎ（みじん切り）…1個
A [ナツメグ・オールスパイス…各3ふり
　　パン粉…大さじ4
　　マヨネーズ…大さじ1
　　塩…ふたつまみ]
卵…3個
ベーコン…2枚
にんじん（1cm厚さの輪切り）…½本
じゃがいも（いちょう切り）…1個
B [ケチャップ…大さじ8
　　ソース…大さじ6
　　固形コンソメの素…½個
　　酒…大さじ2]

❀作り方
1　ボウルにひき肉、玉ねぎ、**A**を入れてよく混ぜる。卵はゆでて殻をむき、オーブンは250度に予熱しておく。
2　パウンドケーキ型の底にベーコンを敷き、**1**の肉だねの⅓量を敷きつめる。ゆで卵を横に並べて残りの肉だねを入れてならし、オーブンで25分焼く。
3　ソースを作る。にんじんは耐熱皿にのせ、ラップをかけて電子レンジ600Wで2分加熱、じゃがいもは同様に3分加熱する。フライパンにじゃがいも、にんじん、**B**、水¾カップを入れて火にかけ、軽く煮込む。
4　**2**をオーブンから取り出し、型にたまった肉汁を**3**のソースに加える。型からミートローフを取り出して器に盛り、**3**をかける。

クリームチーズを混ぜて濃厚な味わいに

かぼちゃのデリサラダ

❀材料（4人分）
かぼちゃ（種を除きひと口大に切る）…½個（約500g）
クリームチーズ…70g
牛乳…大さじ2
A [マヨネーズ…大さじ5
　　砂糖…大さじ1
　　塩…ふたつまみ]
リーフレタス…2〜3枚
プチトマト（半分に切る）…2〜3個
粗びき黒こしょう

❀作り方
1　耐熱容器にかぼちゃ、水¼カップを入れ、ラップをかけて電子レンジ600Wで6分加熱する。
2　**1**が熱いうちにマッシャーなどでつぶし、クリームチーズ、牛乳を混ぜ合わせる。冷めたら**A**を加えてあえる。
3　器にリーフレタスを敷いて**2**を盛り、粗びき黒こしょうをふる。まわりにプチトマトを飾る。

ホワイトソースベースでコクがある！

コーンポタージュ

❀材料（4〜6人分）
コーンクリーム缶…1缶（425g）
バター…大さじ2
牛乳…3カップ
A [砂糖…大さじ½
　　固形コンソメの素…2個]
小麦粉　塩

❀作り方
1　鍋にバターを溶かし、小麦粉大さじ4を加えて弱火で炒める。
2　**1**に牛乳を少しずつ加えながら混ぜ、コーンクリーム缶、水2カップ、**A**を加えて中火で混ぜながら5〜10分ほど温める。味をみて塩適量でととのえる。

混ぜるだけなのにリッチな風味

濃厚フルーツヨーグルト

❀材料（作りやすい分量）
ヨーグルト…1パック（450g）
生クリーム…1パック（180cc）
ミックスフルーツ缶…1缶（正味250g）

❀作り方
ボウルに生クリームを入れてかために泡立て、ヨーグルト、ミックスフルーツ（缶汁は除く）を加える。ミックスフルーツの缶汁を適量加えて好みの甘さにする。

> 今日は焼き肉！

みんなで作りながら食べられる「焼き肉屋さん」の開店で〜す!

今日は疲れちゃった、ごはん作るのが面倒だな〜なんて日は、焼き肉がおすすめ！ 肉にたれをもみ込んでおけば、あとは箸休めになるおかずをちょこっと作るだけ。ダンナや子供たちが喜んで肉を焼いてくれるから、主婦は思う存分ラクできちゃうんです。おまけに家なら、おなかいっぱい食べても4人で1000円以内。みんなでにぎやかに盛り上がって、お財布にもうれしいおうち焼き肉、やっぱり最高〜!!

今日の晩ごはんは〜　　4人分 970円

- 焼き肉3種
    - 牛肉のうまだれ焼き
    - 豚肉と長ねぎの豚トロ風炒め
    - バジルチキン
- おかずラー油豆腐
- 焼き肉のたれでカルビクッパ
- チョレギサラダ

> あっという間に準備完了！
> はる兄、よろしく〜
> おいしく焼いてね

> 手早く おいしく 作るには…

まず肉とスープを準備。サラダと豆腐の仕上げは食べる直前にね

肉を漬け込む間に、サラダとスープをパパッと準備しちゃいましょ。
ラー油は日もちするから、時間のあるときに作りおきしておくとラクチン！

牛肉のうまだれ焼き

❀材料(4人分)
牛こま切れ肉…300g
A ┃ しょうゆ・ごま油…各大さじ2
　┃ 砂糖…大さじ1強
　┃ 酢…小さじ2
　┃ みそ…小さじ1
　┃ おろしにんにく・コチュジャン…各小さじ½

❀作り方
ボウルに牛肉、Aを入れてよくもみ込み、30分ほどおく。ホットプレートを熱してサッと焼く。

豚肉と長ねぎの豚トロ風炒め

❀材料(4人分)
豚こま切れ肉…300g
長ねぎ(みじん切り)…1本
A ┃ 粉末鶏ガラスープの素…小さじ½
　┃ 塩…ひとつまみ
　┃ うまみ調味料…ひとつまみ
　┃ ごま油…大さじ2

❀作り方
ボウルに豚肉、長ねぎ、Aを入れてよくもみ込み、30分ほどおく。ホットプレートを熱してサッと焼く。

バジルチキン

❀材料(4人分)
鶏もも肉(ひと口大に切る)…1枚
A ┃ 乾燥バジル…小さじ1
　┃ 粉末鶏ガラスープの素…小さじ½
　┃ 塩…ひとつまみ
　┃ オリーブ油…小さじ2

❀作り方
ボウルに鶏肉、Aを入れてよくもみ込み、30分ほどおく。ホットプレートを熱してサッと焼く。

好みでプチトマトなどの野菜もいっしょに焼く。

調味料と油をもみ込めば、やわらかジュ～シ～

焼き肉3種

高級な肉じゃなくても、しっかりした下味をつければ、めちゃおいし～！
添えたプチトマトもいっしょに焼いて食べてね。

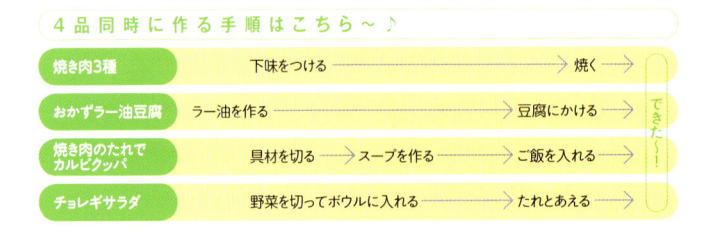

4品同時に作る手順はこちら～♪

焼き肉3種	下味をつける	→	焼く
おかずラー油豆腐	ラー油を作る	→	豆腐にかける
焼き肉のたれでカルビクッパ	具材を切る → スープを作る	→	ご飯を入れる
チョレギサラダ	野菜を切ってボウルに入れる	→	たれとあえる

できた～！

ラー油は作りおきがおすすめ。
具だくさんで食べごたえ満点！

おかずラー油豆腐

✿材料（2～3人分・食べるラー油は作りやすい分量）
＜食べるラー油＞
にんにく（芯をとってみじん切り）…6個
玉ねぎ（みじん切り）…1個
A ┃ かつお節…20g
　┃ 干しえび（または小えび）…25g
　┃ しょうゆ・白いりごま…各大さじ2
　┃ コチュジャン…大さじ3
　┃ 砂糖…小さじ½
　┃ ごま油…½カップ
サラダ油

豆腐（軽く水きりする）…1丁
白いりごま…少々
白髪ねぎ…少々

✿作り方
1　ラー油を作る。フライパンにサラダ油½カップ、にんにく、玉ねぎを入れて火にかける。フツフツしたらふたをし、弱火で10分炒める。
2　玉ねぎがしんなりしたらふたをとり、Aを加えて弱めの中火で5分ほどしっかり炒める。
3　器に豆腐、2をのせる。いりごまをふり、白髪ねぎを飾る。

食べる直前にあえると、
シャキシャキおいしく食べられます

チョレギサラダ

✿材料（4人分）
レタス（食べやすくちぎる）…½個
きゅうり（斜め薄切り）…1本
A ┃ 粉末鶏ガラスープの素…小さじ½
　┃ 塩…ひとつまみ
　┃ うまみ調味料…ひとつまみ
　┃ しょうゆ…小さじ½
　┃ ごま油…大さじ2
　┃ 白いりごま…小さじ1
のり（ちぎる）…1枚
白いりごま…適量

✿作り方
ボウルにレタス、きゅうり、Aを入れてざっくりあえる。器に盛り、のりをのせていりごまをふる。

市販の焼き肉のたれで味つけカンタン。
温めたらすぐできちゃう

焼き肉のたれでカルビクッパ

✿材料（4人分）
牛こま切れ肉…50g
にんじん（せん切り）…⅓本
玉ねぎ（薄切り）…¼個
にら（5cm長さに切る）…½束
ご飯　茶碗2杯
A ┃ 焼き肉のたれ（辛口）…大さじ8
　┃ しょうゆ…大さじ2
　┃ 粉末鶏ガラスープの素…大さじ½
卵…1個

✿作り方
1　鍋に水4カップ、牛肉、にんじん、玉ねぎを入れて火にかける。煮立ったらアクを取り、ふたをする。
2　野菜がやわらかくなったら、にら、ご飯、Aを加えてご飯をほぐす。溶き卵を加えてふんわり浮いてきたら火を止める。

今日は居酒屋風！

ゆっくり過ごせる日は、おつまみたくさんの居酒屋デーに！

大人も子供も楽しめるものをそろえて。簡単ですよ！

晩ごはんにはお酒が欠かせない藤原家。週末ともなれば、おつまみおかずをずらっと並べて、ビール片手に2時間くらいのんびり楽しんじゃいます。子供たちもまんべんなく食べられるように、メニューはバラエティ豊かに！ 揚げもの、サラダ、焼きもの、ご飯ものと、居酒屋でオーダーするようなバランスにすると飽きません。いつもと気分が変わるこんな献立も、たまにはいいでしょ？

今日の晩ごはんは〜　　4人分830円

- えびのプリプリロング春巻き
- 鶏のごまごろも焼き
- バリバリラーメンサラダ
- のり塩ポテト
- 焼きおにぎり

> 手早く おいしく 作るには…

焼きものと揚げもので、フライパン2つを使い分けると早いよ！

火を使うものは全部フライパンだからラク！ おにぎりのあとに鶏肉を焼いて、隣のフライパンで春巻き→ポテトの順に揚げて。2品ずつ続けてフライパンを使うと時間短縮できます！

❁材料(10本分)
えび(ブラックタイガー)…200g(16〜18尾)
豚ひき肉…150g
長ねぎ(青い部分もみじん切り)…1本
A ┃ おろしにんにく・おろししょうが
　┃　…各小さじ½
　┃ しょうゆ・オイスターソース・ごま油
　┃　…各小さじ2
　┃ 砂糖…小さじ1
　┃ 片栗粉…大さじ3
春巻きの皮…10枚
塩　片栗粉　サラダ油

1 えびの下準備をします
えびは殻をむいて塩ふたつまみ、片栗粉大さじ1、少量の水でもみ、水洗いする。えびの食感が残る程度に粗く刻む。

2 具を包んで〜
ボウルにひき肉、長ねぎ、1のえび、Aを混ぜる。春巻きの皮の周囲に水をつけ、あんをのせて空気が入らないようにぴったりと細長い棒状に包む。両端をしっかり押しつけてとめる。

3 少なめの油で揚げま〜す
フライパンにサラダ油を高さ1cmほど注いで弱めの中火で温め、間隔を離して2を並べる。箸で両面返しながら揚げ焼く。器に盛り、あればパセリを添える。

サッと揚げるとパリッと仕上がるよ
えびのプリプリロング春巻き

具を混ぜたら、水分が出ないうちにすぐに包んで揚げるのがコツ。間隔を離して並べると、皮がくっつかず破れません。

5品同時に作る手順はこちら〜♪

料理	手順1	手順2	手順3
えびのプリプリロング春巻き	えびの下準備	春巻きを作る	揚げ焼く
鶏のごまごろも焼き	下味をつける		焼いて仕上げる
バリバリラーメンサラダ	野菜を切り器に盛る	ドレッシングを作る	麺をのせる
のり塩ポテト	じゃがいもの下準備		揚げ焼く
焼きおにぎり	おにぎりを作る		焼く

→できた〜！

パンチのきいた味！ ご飯にも合います
鶏のごまごろも焼き

❀材料(2〜3人分)
鶏もも肉(ひと口大に切る)… 2枚
A │ おろしにんにく・おろししょうが
　│ 　…各小さじ½
　│ 酒・しょうゆ 各小さじ1
B │ しょうゆ…大さじ2
　│ 酒・砂糖・白いりごま…各大さじ1
リーフレタス …適宜

❀作り方
1 ボウルに鶏肉を入れてAをもみ込み、15分ほどおく。
2 フライパンに1の鶏肉を並べ、中火で焼く。両面に焼き色がついたらふたをして弱火で中まで火を通し、いったん取り出す。
3 2のフライパンにB、水大さじ2を入れて強火にかける。フツフツしてきたら鶏肉を戻し、たれを煮つめながらからめる。器にリーフレタスを敷き、鶏肉を盛る。

食べるときに麺を割るのが楽しい！
バリバリラーメンサラダ

❀材料(2〜3人分)
レタス(手でちぎる)…½個
プチトマト
　(へたを取って4等分に切る)… 3個
市販の皿うどん用細麺…1人分
卵…1個
A │ マヨネーズ…大さじ6
　│ 酢…小さじ2
　│ 砂糖…小さじ1
　│ 塩・こしょう…各少々
片栗粉

❀作り方
1 ドレッシングを作る。耐熱容器に卵を割り入れ、黄身を混ぜる。水大さじ½を加え、ラップをして電子レンジ600Wで1分加熱する。フォークでつぶし、Aと合わせる。
2 器にレタス、プチトマトを盛り、1をかける。食べるときに皿うどんを手で割り入れる。

ビール飲みすぎ注意です！
のり塩ポテト

❀材料(2〜3人分)
じゃがいも(皮ごとくし形切り)
　… 2個
青のり…小さじ2
片栗粉　サラダ油　塩

❀作り方
1 じゃがいもは水にさらし、ペーパータオルで水けを拭き取って片栗粉大さじ2を全体にまぶす。
2 フライパンにサラダ油大さじ3をひいて1のじゃがいもを入れ、弱めの中火で5分ほどこんがり両面揚げ焼く。バットにあげ、塩ふたつまみ、青のりを全体にまぶす。

フライパンでこんがり。ごま油の風味
焼きおにぎり

❀材料(4個)
温かいご飯
　…茶碗4杯(600g)
しょうゆ　ごま油

❀作り方
1 ボウルにご飯、しょうゆ大さじ1と½を混ぜ合わせ、4等分しておにぎりを握る。
2 フライパンに1のおにぎりを並べてごま油小さじ½を入れ、中火で焼きつける。カリッとしたらしょうゆ小さじ1を鍋肌から回し入れてすぐ裏返し、裏面も同様に同量のごま油としょうゆで焼く。

毎日ごはんの小さな工夫
みきママ魔法のアイデア集！ ②

食材を上手に使ってラクに節約しましょ〜！

晩ごはんを週6000円台で収めるには、食材をムダなく使いきることがポイント。安いもので代用したり、大きく見せる工夫をしたり、あの手この手でがんばってま〜す!!

豚こまをギュッとにぎればかたまり肉〜！

豚こまは安いけど優秀！ ギュッとにぎればかたまり肉になるし、四角くまとめればとんかつもできちゃう。いろんな料理に使えます。

安い旬の野菜で献立を考えましょ

野菜は玉ねぎやにんじんなどの定番と、旬の野菜を買います。旬のものは安くて新鮮でおいしく、栄養も満点！ 家計にも体にもやさしいんだ〜。

鶏肉をゆでた汁はうまみたっぷりスープに

鶏肉のゆで汁は、鶏のおいしいエキスがいっぱい！ もったいないからチキンスープとして再利用します。スープやみそ汁にもおすすめ。

安く買えないときはほかのもので代用！

欲しい食材が高いときはムリして買いません。えびのかわりに鶏肉、キャベツのかわりに白菜など、代用できそうな食材にチェンジ。臨機応変にね！

肉をたたいてのばすと1枚でも豪華に見える！

厚いロース肉はゴージャスだけど、何枚も買うと値段がかさむ。そこで1枚をめん棒などでたたいてのばし、見た目を大きく！ごちそうっぽ〜い！

えびは背を大きく開いてボリュームアップ

えびの炒めものは、えびの数が少なくても豪華に見せたい。そこで下処理のときにひと工夫。背に包丁で切り目を入れておくと、切り目が広がって華やか！

魚はあんかけなどでかさ増ししま〜す

肉に比べると魚料理は貧弱になりやすいので、野菜をのせたり、あんをかけて見た目のボリュームをアップ。人数分の魚がなくても豪華に見えます！

フライもののパン粉は水でつけて〜

フライのころもづけは、小麦粉も溶き卵も不要。水を全体につけてパン粉を押しつければ、しっかりくっつきます。2度づけすると仕上がりがサクサクに！

使い切れない野菜は冷凍しちゃおう

キャベツや白菜、もやしは生のまま冷凍して汁ものに。ほうれん草は下ゆでして小分け、万能ねぎは小口切りなどにしてそれぞれ冷凍すれば鮮度長もち！

餃子の皮はワンタンやシュウマイにも使える！

皮の厚さや大きさがちょっと違うくらいで、包むことには変わりなし。ワンタン、シュウマイ、アップルパイにも使っちゃいます。これがおいしい！

インスタントだしはミックスで使うとうまみアップ

イノシン酸が多いかつお、グルタミン酸が多い昆布、ふたつのうまみ成分が加わると味に深みが。インスタントだしでもおいしくなるので試してみて！

甘みのあるコンデンスミルクでえびマヨ！

本場・中国のえびマヨはエバミルクを使うけどコンデンスミルクでも代用OK。濃厚な甘みがあるから、マヨネーズを合わせるだけでおいしい！

豆腐は凍らせると高野豆腐みたい〜

木綿豆腐の賞味期限が迫ったら、パックごと冷凍！　自然解凍して水けをよく絞ると、高野豆腐みたいな食感になります。下味をつけて揚げても◎！

重宝してます！ホットケーキミックス

ホットケーキミックスがあれば、肉まんからドーナツまで、混ぜるだけでいろんな生地ができちゃう。卵もベーキングパウダーもいらないから節約に！

ひき肉がなくても豚こまを刻めば大丈夫

豚こまは細かく刻めばあっという間にひき肉に。半解凍だとサクサク刻めますよ。ひき肉より肉感が残るので、シュウマイに使うのもおすすめ！

煮ものが余ったら、刻んでご飯に混ぜちゃう！

ひと晩おいた煮ものは、味がしっかりしみているからご飯に混ぜてもおいし〜！　煮ものだけでなく、きんぴらなどの炒めものでもできるよ。

ヨーグルトを水切りするとサワークリーム風

ヨーグルトをざるに入れて、半分くらいの分量になるまで置いておくだけ。濃厚になって、サワークリーム、クリームチーズなどの代わりになります！

天ぷらは粉に酢を混ぜるとサクサク〜

天ぷら粉を作るときは、酢をちょっとだけ入れています。するとね、食感が軽くなっていつまでもサクサク！　お店みたいにおいしくなります！

意外な活用もあり！アイデアが勝負☆

料理は自由な発想も大切。これが使えそうだな〜と思ったら、ルールにとらわれず何でもトライしてみます。思いがけない料理ができたり、レパートリーの幅も広がりますよ！

毎日のごはん作りに役立ちます！

藤原さんちの

ラクうま
おかず
ボリュー
ごはん

「おかずをたくさん作って大変じゃありませんか?」
と、よく言われるんですが、私の料理は
ホントに簡単。省けることはとことん省いちゃうし、
ほとんどがフライパンひとつで作れるものばかり。
豪華に見せる工夫はするけど、高い材料も使いません。
いつでも、誰でも、すぐにマネできるから
毎日のごはん作りで気軽に試してみてくださいね!

&
ム

ごはん、
できたよ〜

わーい
おいしそう!

> しっかり味つけでご飯がすすむよ〜♪

がっつり肉おかず

男ばかりの藤原家。肉が出るとテンションも急上昇！ いつも以上に食欲旺盛です。
肉おかずをおいしく作る秘訣は、下味をしっかりつけること。
ガツンとしたお店っぽい味になって、ご飯もお酒もぐいぐいすすんじゃう！

スペアリブ

簡単なのに驚くほどおいしい〜！
豚こま肉や鶏もも肉でもおすすめです。
フライパンではなくグリルでもOK。
その場合は弱火でじっくり焼いてね。

バーベキューにもおすすめです！

❀材料(4人分)

豚バラ骨つき肉		600g
A	おろしにんにく	小さじ1
	おろししょうが	小さじ½
	しょうゆ	大さじ2
	みりん・砂糖	各大さじ2
	酢・酒	各大さじ1
	玉ねぎ(すりおろす)	¼個

❀作り方

1 豚肉は包丁の先端で数か所刺し、骨に沿って⅓ほどの深さに切り込みを入れる。裏返して同様に切り込みを入れ、包丁の柄で肉をたたいて2倍の大きさに伸ばす。

2 ボウルに豚肉、**A**を入れて常温で1時間ほど漬け込む。

3 フライパンに**2**の肉のみ(漬けだれは残しておく)を入れ、中火で両面を焼く。焼き目がついたら裏返し、ふたをして弱火で中まで焼く。

4 **3**のフライパンに残しておいた漬けだれを加えて強火で一気にからめる。器に盛り、あればパセリを添える。

甘辛ローストチキン

クリスマスのローストチキンも、家で作れるんです！
火が通ったらすぐに取り出すと、やわらか〜いお肉になります。

骨つき肉で
ごちそうに見える〜

❀材料（4人分）

鶏もも骨つき肉	4本（約800g）
おろししょうが	小さじ½
A しょうゆ	大さじ4
みりん	大さじ3
砂糖	大さじ1
酒	

❀作り方

1　鶏肉は包丁の先端で皮に切れ目を入れ、骨に沿って⅓ほどの深さに切り込みを入れて2倍に広げる。フォークで全体を刺し、おろししょうがをすり込んで15分ほどおく。

2　フライパンに鶏肉を皮目から入れ、中火でこんがり焼く。両面に焼き色がついたら酒大さじ1を加えてふたをし、弱火で蒸し焼く。中まで火が通ったらすぐ取り出す。

3　フライパンの油を拭き、A、水大さじ2を入れて火にかける。煮立ってきたら肉を戻し入れ、全体にからめる。

「ママ、おいし〜！」がいちばんうれしいな☆

鶏と大根のカチャトーラ

トマト仕立ての煮込みなら、子供もパクパク！　大根の下の部分を
使うときは、ひとつまみの米を入れて下ゆですれば苦みがなくなりますよ。

野菜もたっぷり
いただけまーす

❀材料（4人分）

鶏手羽元	12本
おろしにんにく	小さじ2
大根（1cm幅のいちょう切り）	¼本
玉ねぎ（みじん切り）	½個
トマト缶	1缶
A 固形コンソメの素	2個
酒	大さじ1
砂糖	大さじ½
ケチャップ	大さじ3
ローリエ	1枚
プチトマト（ヘタを取る）	6個
塩　こしょう　オリーブ油	

❀作り方

1　手羽元はフォークで全体を刺して、塩、こしょう各適量をふる。

2　フライパンにオリーブ油小さじ2、手羽元を入れ、中火で肉の表面に焼き色をつける。

3　おろしにんにく、大根、玉ねぎを加えて炒め、大根に焼き色がついたらトマト缶、水1カップ、Aを加えて弱めの中火で20分ほど煮る。プチトマトを加え、味をみて塩、こしょう各適量でととのえる。あればパセリのみじん切りをふる。

ゼリーを入れて ジューシー小籠包風に

肉汁たっぷり！ 羽根つき餃子

あんに混ぜたジュレ状のスープゼリーがおいしさの秘密。
焼けたらフライパンにお皿をかぶせてひっくり返してね。

材料（50個分）

豚ひき肉（脂が多めのもの）	300g
粉末鶏ガラスープの素	小さじ1
粉ゼラチン	5g
キャベツ（みじん切り）	⅓個
にら（みじん切り）	½束
A しょうゆ・オイスターソース	各大さじ1
ごま油・酒・砂糖	各小さじ2
おろしにんにく	小さじ1
おろししょうが	小さじ½
餃子の皮	50枚
小麦粉　ごま油	

作り方

1　スープゼリーを作る。沸騰した湯½カップに鶏ガラスープの素を溶かし、熱いうちにゼラチンを加えて泡立て器で混ぜる。バットに流し、粗熱をとって冷蔵庫で30分冷やす。

2　ボウルにひき肉、キャベツ、にら、Aをよく混ぜ、1のゼラチンを細かく刻んで加えて全体を混ぜ合わせる。餃子の皮にあんをのせ、ふちに水少々をつけてひだを寄せながらしっかり閉じる。

3　フライパンに少し間隔をあけて餃子を並べて強火にかけ、水溶き小麦粉（小麦粉小さじ1に水½カップを少しずつ加えて混ぜる）を注ぐ。グツグツしてきたらふたをし、水分がなくなったらふたをはずして火を少し弱め、ごま油小さじ2を鍋肌から回しかけてパリッと焼く。

黒こしょうシュウマイ

しょうゆなしでそのまま食べられます！

せいろがなければフライパンで大丈夫。その場合はキャベツを敷いて水1カップを加え、沸騰したらふたをして中火で10分蒸して。

材料（25個分）

豚ひき肉	500g
長ねぎ（みじん切り）	2本
A しょうゆ	大さじ2
オイスターソース	大さじ1
ごま油・酒・砂糖	各大さじ1
おろししょうが	小さじ2
粉末鶏ガラスープの素	小さじ1
片栗粉	大さじ3
餃子の皮	25枚
キャベツ（ざく切り）	2枚
粗びき黒こしょう	

作り方

1　ボウルにひき肉、長ねぎ、Aを合わせ、よく練り混ぜる。

2　手をカップを持つような形にして餃子の皮をのせ、上から1のあんを詰めてスプーンなどで押し込む。粗びき黒こしょうをふる。

3　せいろにキャベツを敷きつめ、間隔をあけてシュウマイを並べる。鍋（せいろのる大きさ）に湯を沸かし、沸騰したらせいろをのせて強火で10分蒸す。

牛肉のオイスター炒め

牛肉は火を通しすぎると硬くなるので、いったん取り出して。
豚肉にしたり、野菜を変えたり、同じ味つけでアレンジも自由！

肉は先に下味をつけてから炒めましょ

材料（4人分）

牛こま切れ肉		200g
A	塩	ひとつまみ
	酒・ごま油	各小さじ1
	片栗粉	大さじ1強
おろしにんにく・おろししょうが		各小さじ½
ピーマン（大きめの乱切り）		3個
しめじ（根元を切ってほぐす）		½パック
B	オイスターソース	大さじ1
	砂糖	小さじ2
	しょうゆ	小さじ1
	片栗粉・粉末鶏ガラスープの素	各小さじ½
サラダ油　ごま油		

作り方

1　ボウルに牛肉、**A**を入れてよくもみ込む。

2　フライパンにサラダ油大さじ1を熱し、牛肉、おろしにんにく、おろししょうがを炒める。火が通ったらいったん取り出す。

3　続けてサラダ油大さじ1、ピーマン、しめじをサッと炒めて取り出す。

4　フライパンに水大さじ4、**B**を入れ、片栗粉を完全に溶かして中火にかける。木べらで混ぜ、とろみがついたら牛肉と野菜を戻し入れてからめ、ごま油小さじ1を回しかける。

安い肉でも工夫次第でおいしいおかずに！

梅しそとんかつ

とんかつ用の肉がなくても、豚こまで大丈夫。
食感もやわらかくて食べやすいので、もりもりいけます！

こま切れ肉でも豪華なおかずに〜

材料（3人分）

豚こま切れ肉	400g
梅干し（種をとってたたく）	5個
大葉	6枚
キャベツ（せん切り）	適量
塩　こしょう　パン粉　サラダ油	
ソース	

作り方

1　豚肉は塩、こしょう各少々をふってもみ込み、6等分する。肉の間に大葉1枚、梅⅙量をはさんでコロッケのように成形し、全体に水をつけてパン粉を2度づけする。

2　フライパンにサラダ油大さじ3を熱し、1の半量を入れて弱めの中火で揚げ焼く。片面に焼き色がついたら裏返し、サラダ油大さじ1を加えて弱火で焼く。残りも同様に揚げ焼く。

3　器に2、キャベツを盛り、カツにソースをかける。

> ソースや野菜でかさ増ししちゃおう

魚のボリュームおかず

魚は値段のわりにボリューム不足…と敬遠されがち。
でも野菜を添えたり、ソースをかけたり、見た目をかさ増しすれば
肉にも負けないほど豪華に！ これなら堂々と出せますよ〜。

シュリンプガーリック

殻つきで炒めるのがポイント。フライパンに入れるときは、
重ねずに丸く並べるとえびが丸まらず、仕上がりがきれいです。

ハワイで食べた味を再現！

✿材料（2人分）

えび（ブラックタイガー）	300ｇ（12尾）
バター	大さじ2
おろしにんにく	大さじ1と½
A 粉末鶏ガラスープの素	小さじ½
酒	大さじ2
塩	ひとつまみ
ご飯	適量
塩　オリーブ油　粗びき黒こしょう	

✿作り方

1 えびは殻つきのまま背に切れ目を入れてわたを除き、尾を斜めに切り落とす。塩適量をもみ込んで水洗いする。

2 フライパンにオリーブ油大さじ2、バター、おろしにんにくを熱し、弱火で2分ほど炒める。えびを丸く並べて焼く。えびの色が変わったら裏返してAを加え、両面こんがり焼く。

3 器にご飯、2を盛り、粗びき黒こしょうをふる。あれば長さ半分に切った万能ねぎを飾る。

いわしのカラフル甘酢ソースがけ

いわしやあじだけだと寂しいけど、野菜たっぷりのソースをかけたら彩りもボリュームもアップ！ ごちそう感満点♪

✿材料(4人分)

いわし(またはあじ4尾)	6尾
A しょうゆ・酒	各小さじ1
おろししょうが	小さじ½
B 和風顆粒だしの素	小さじ1
砂糖	大さじ2強
酢	90cc
塩	ひとつまみ
こしょう	少々
なす(粗みじん切り)	1本
きゅうり(粗みじん切り)	½本
ピーマン(粗みじん切り)	1個
トマト(粗みじん切り)	1個
パプリカ(赤・粗みじん切り)	¼個
白髪ねぎ	少々
サラダ油　片栗粉	

✿作り方

1　いわしは頭を落として内臓を取り、手開きにする。半分に切って**A**をあえ、15分おく。

2　**B**をボウルに合わせる。フライパンにサラダ油大さじ1を熱し、なす、きゅうり、ピーマンをサッと炒め、トマト、パプリカとともに**B**のボウルに加えて混ぜる。

3　**1**のいわしに片栗粉適量を全体にまぶす。フライパンにサラダ油大さじ3を中火で熱し、揚げ焼く。器に盛り、**2**の甘酢ソースをかけて白髪ねぎをのせる。

カラフルなひんやりソースをたっぷり！

鮭のカレークリームソース

鮭と相性がいいカレークリームソースをたっぷりかけた、こってり&豪快な一品。4人で3切れでも充分な食べごたえ。

✿材料(4人分)

甘塩鮭(半分に切る)	3切れ
玉ねぎ(薄切り)	½個
バター	大さじ1
牛乳	2カップ
カレールウ	1片(25g)
万能ねぎ(小口切り)	少々
サラダ油　片栗粉　小麦粉	

✿作り方

1　フライパンにサラダ油大さじ1を熱し、鮭に片栗粉をまぶして入れる。中火で両面こんがり焼いて器に取り出す。

2　フライパンの汚れを拭いてバターを溶かし、玉ねぎを弱火で炒める。小麦粉大さじ2をふって全体になじませ、牛乳を少しずつ加える。カレールウ、水½カップを加え、ルウが溶けたら鮭を戻してからめる。器に盛り、万能ねぎをふる。

甘塩鮭を使えば、下味つけ不要です

ソースを工夫すると、子供もパクパク食べてくれます

あさりと豚の酒蒸し

あさりと豚肉をいっしょに蒸すと、2つのうまみでより豪華。トマトを加えることでジューシーさがアップします。

あさりのうまみがしみておいし～

❀ 材料（4人分）

あさり（砂抜きして水洗い）	300g
豚こま切れ肉	200g
A　塩	ひとつまみ
酒・ごま油	各小さじ1
片栗粉	大さじ1
長ねぎ（3cm長さの斜め切り）	1本
プチトマト（へたを取る）	6個
酒	

❀ 作り方

1　豚肉はAをもみ込んでおく。
2　フライパンに豚肉、あさり、長ねぎを入れ、酒大さじ3をふってふたをし、中火で蒸し焼く。
3　あさりの口が開いたらふたをはずしてトマトを加え、ひと混ぜする。

野菜もたくさん！ 豪華なおかずになるよ～

たらと野菜の中華重ね蒸し

淡泊なたらは、パンチがきいた中華風の味つけがぴったり。せん切り野菜をたっぷりのせて蒸したら、汁ごと器に盛って。

野菜をのせて蒸すだけで作れます

❀ 材料（4人分）

たら（切り身）	3切れ
おろししょうが	小さじ½
長ねぎ（5cm長さの白髪ねぎにする）	1本
にんじん（せん切り）	½本
A　粉末鶏ガラスープの素	少々
ごま油	大さじ2
しょうゆ	大さじ3
オイスターソース	小さじ2
塩　こしょう　酒	

❀ 作り方

1　たらはおろししょうが、塩、こしょう各少々をまぶす。
2　フライパンに1のたらを並べて長ねぎ、にんじんをのせ、酒大さじ2を回しかける。ふたをして弱めの中火で8分ほど蒸し、汁ごと器に盛る。
3　2のフライパンにAを入れて火にかけ、煮立ったら2にかける。

ぶりとれんこんと豆腐の照り焼き

ぶりは2切れだけでも、豆腐やれんこんを焼いて盛りつけるとお皿がにぎやか。甘辛味だからご飯もすすみます！

豆腐やれんこんでボリュームアップ

✿ 材料(4人分)

ぶり	2切れ
A しょうゆ・酒	各大さじ½
おろししょうが	小さじ1
れんこん(5mm厚さの半月切り)	小½節(75g)
豆腐(厚さ半分に切って4等分)	1丁
B しょうゆ	大さじ3
酒・みりん	各大さじ2
砂糖	大さじ1
万能ねぎ(小口切り)	適量
サラダ油	

✿ 作り方

1　ぶりはAをふって15分ほどおく。れんこんはラップをかけて電子レンジ600Wで3分加熱する。
2　フライパンにサラダ油大さじ1を熱し、ぶりを弱めの中火で両面を焼く。いったん取り出す。
3　フライパンの汚れを拭き取り、豆腐、れんこん、B、水大さじ2を入れて火にかける。たれが煮つまってきたらぶりを戻し入れ、中まで火を通しながら全体にからめる。器に盛り、豆腐に万能ねぎをのせる。

さばのみぞれ煮

少し甘めのたれで味つけしたおろしソースをかけると、子供も喜んで食べる！　大根は上部をおろして。

おろしソースもたっぷりいっしょに！

✿ 材料(4人分)

さば(2枚におろす)	1尾
大根おろし(おろし汁も残す)	⅓本分
A しょうゆ	大さじ3
みりん・砂糖・酢	各大さじ1
和風顆粒だしの素	小さじ1
万能ねぎ(小口切り)	適量

✿ 作り方

1　さばはたっぷりの湯で下ゆでし、色が変わったら取り出す。
2　フライパンに1のさば、大根おろしとおろし汁、Aを入れて弱火で5分ほど煮る。器に盛り、万能ねぎをのせる。

> 子供たちもよく食べてくれるよ！

野菜たっぷりのおかず

家族の健康を考えると、野菜中心のおかずもたくさん出したいですよね。でも子供はどちらかというと苦手…。だからケチャップ味やみそ味、甘辛味など、ご飯がすすむ味にすることも。バリエがいろいろあるといいですよ！

カラフル野菜のチリソース

えびチリならぬ、野菜チリです！
野菜とソースの甘みで
野菜がもりもり食べられるんだ。
好みの緑黄色野菜をたっぷり
使って彩りよく仕上げましょ。

❀ 材料(4人分)

玉ねぎ(みじん切り)	1個
おろししょうが・おろしにんにく	各小さじ½
ピーマン(乱切り)	2個
なす(乱切り)	2本
プチトマト(へたを取る)	8個
A 粉末鶏ガラスープの素	大さじ1
ケチャップ	大さじ6
砂糖	大さじ1
片栗粉	大さじ1
サラダ油　ごま油	

❀ 作り方

1 フライパンにサラダ油大さじ1を熱し、玉ねぎ、おろしにんにく、おろししょうがを炒める。玉ねぎがしんなりしたらピーマン、なすを加えて炒め合わせる。
2 水1カップにAを混ぜ合わせて1に加え、ひと煮立ちさせる。とろみがついてきたら、ごま油小さじ1、プチトマトを加える。

野菜がもりもりすすみます〜

安い！早い！うれしいおかず

炊きたてご飯に合いますよ〜

もやしとベーコンの ホイル焼き

もやしとベーコンのシンプルなおかずも、ホイル焼きにするとインパクトあり！　あればしめじを入れてもいいね！

❀材料（4人分）
もやし	1袋
ベーコン（1cm幅に切る）	2枚
塩　こしょう　粗びき黒こしょう	
ポン酢しょうゆ	

❀作り方
1　長さ30cmくらいのアルミホイルにもやし、ベーコンをのせて塩ひとつまみ、こしょう少々をふる。同じ大きさのホイルをかぶせ、周囲をしっかりと折りたたむ。
2　フライパンに1を入れてふたをし、中火にかける。3〜4分たってホイルがふくらんだら取り出し、食べるときにはさみでホイルを切り、粗びき黒こしょうをふって好みでポン酢しょうゆをかける。

なすの しょうが焼き風

しょうが焼きは、豚肉のかわりになすでも作れるんです。汁けたっぷりだから、ご飯にのせてもおいし〜！

❀材料（2〜3人分）
なす（縦4等分に切って格子状に切れ目を入れる）	2本
玉ねぎ（薄切り）	1/2個
A　おろししょうが	小さじ1弱
砂糖	小さじ2
しょうゆ	大さじ2
みりん	大さじ1
白いりごま	少々
サラダ油	

❀作り方
1　フライパンにサラダ油大さじ1を熱し、玉ねぎを炒める。しんなりしたらサラダ油大さじ1、なすを加えて炒める。Aを加えて強火でサッと混ぜる。
2　器に盛り、いりごまをふる。

旬の野菜のおいしさを味わいた〜い！

みそ味にするともりもり食べる！

ゴーヤのみそ炒め

ゴーヤの苦みは白いわたの部分。スプーンでよくこそげ取ってみそで炒めると、苦みがなくなって子供も食べてくれます。

✿材料(4人分)

豚こま切れ肉(食べやすく切る)		100g
A	塩	ひとつまみ
	酒	小さじ½
	片栗粉	大さじ½
	ごま油	小さじ½
ゴーヤ		
(縦半分に切ってわたを取り5mm幅の半月切り)		1本
なす(乱切り)		1本
玉ねぎ(薄切り)		½個
B	ごま油	大さじ½
	おろしにんにく	小さじ1
	みそ・砂糖	各大さじ2
	酒・みりん	各大さじ1
白いりごま		少々
塩　サラダ油		

✿作り方

1　豚肉はAをもみ込む。ゴーヤは塩適量をもみ込み、熱湯で下ゆでする。

2　フライパンにサラダ油大さじ1を熱し、中火で豚肉を炒める。肉の色が変わったらなす、玉ねぎを加えて炒め、玉ねぎがしんなりしたら、ゴーヤ、合わせたBを加えて炒め合わせる。器に盛り、いりごまをふる。

調味料の組み合わせが決め手

本格！野菜炒め

何度も作ってたどりついた本格味です！ 下味をしっかりつける、炒めすぎない、鍋をふらない。この3つを守って。

✿材料(4人分)

豚こま切れ肉		200g
A	塩	ひとつまみ
	こしょう	少々
	酒・ごま油	各小さじ1
	片栗粉	大さじ1
にんじん(短冊切り)		½本
玉ねぎ(薄切り)		½個
キャベツ(ざく切り)		¼個
もやし		½袋
乾燥きくらげ(もどす)		5枚
B	しょうゆ・酒	各大さじ1
	オイスターソース	小さじ2
	おろしにんにく	小さじ1
	粉末鶏ガラスープの素	
		ふたつまみ
	うまみ調味料	ひとつまみ
サラダ油		

✿作り方

1　豚肉はAをもみ込んでおく。

2　フライパンにサラダ油大さじ1を熱し、豚肉を炒める。肉の色が変わったらにんじん、玉ねぎを炒め、にんじんに火が通ってきたらキャベツ、もやし、きくらげを加えて炒め合わせる。Bを加え、全体になじませる。

子供が食べてくれるのがうれしくて工夫してます！

野菜たくさん巻いちゃおう！

レタスたっぷりの生春巻き

サラダの材料なら何を巻いてもOK。えびがなければサーモン、かに棒かまぼこでも。ライスペーパーは大判が巻きやすいよ。

❀材料（4人分）

えび（ブラックタイガー・小）	24個
アボカド（薄切り）	1個
春雨（もどして2～3等分に切る）	50g
ライスペーパー（直径22cm）	8枚
レタス（細切り）	½個
万能ねぎ（長さ半分に切る）	4本
塩　レモン汁　マヨネーズ	
市販のチリソース	

❀作り方

1　えびは殻をむいて塩適量でもみ、背わたをとって洗い下ゆでする。アボカドはレモン汁少々をかける。

2　フライパンに水をはり、ライスペーパーを10秒ほどひたす。まな板にのせて水をはらい、手前に春雨、レタスをのせ、その奥にアボカド、えびをのせる。レタスの上にマヨネーズ適量をかけ、左右を内側に折る。まん中に万能ねぎ1本をのせて具材を押さえながら手前からゆっくり巻く。残りも同様に作る。

3　器に盛り、チリソースを添える。

鶏と大根の韓国煮

コチュジャンの量を少なめにすれば、子供でも大丈夫。大根は面倒でも先に下ゆでしてね。味がよくしみるから！

❀材料（4人分）

鶏もも肉（食べやすく切る）	1枚
大根（1cm角、5cm長さに切る）	⅓本
しいたけ（4等分に切る）	3枚
A 砂糖・酒	各大さじ1
しょうゆ	大さじ2
おろししょうが	小さじ½
おろしにんにく	小さじ1
コチュジャン	好みの量
ごま油	大さじ½
長ねぎ（青い部分・斜め切り）	1本
白いりごま	適量
サラダ油	

❀作り方

1　鍋に大根、かぶるくらいの水を入れ、ふたをして弱めの中火で10分ほどやわらかくなるまでゆでる。

2　フライパンにサラダ油大さじ½を熱して鶏肉を炒める。色が変わったら**1**の大根を加え、しいたけ、**A**、水½カップを加え、汁けがほとんどなくなるまで中火で炒め煮する。最後に長ねぎを入れざっくり混ぜる。

3　器に盛り、いりごまをふる。

味のしみた大根がたまらない

> 揚げたり炒めたりで、ボリュームアップ！

ヘルシー豆腐のおかず

メインからサブまで、いろいろなおかずになる豆腐は常備食材にするととっても便利。
パンチとボリュームを出して肉おかずに負けないようにひと工夫すると、家族も喜びますよ！

高野豆腐のから揚げ

高野豆腐に下味をつけて揚げると、
鶏のから揚げそっくりの食感！
高野豆腐は包丁じゃなく
手でちぎったほうが
さらに肉っぽく見えるよ〜。

❀材料（4人分）
高野豆腐（水でもどして手でちぎり、かたく絞る）
　　　　　　　　　　　　　　5個（80g）
A　しょうゆ・酒・みりん　各大さじ1
　　おろししょうが・おろしにんにく
　　　　　　　　　　　　　　各小さじ½
　　粉末鶏ガラスープの素
　　　　　　　　　　　　　　小さじ⅓
サラダ油　片栗粉

❀作り方
1　ボウルに高野豆腐、A、水大さじ1を入れてもみ込み、汁けを絞りながら全体に均一によくしみ込ませる。
2　フライパンにサラダ油を高さ5mmほど入れて熱し、1に片栗粉適量をまぶして入れる。弱めの中火で全体をこんがり揚げ焼く。器に盛り、あればプチトマトとパセリを添える。

食感はまるで鶏肉。作ってみて！

本格！麻婆豆腐

絹ごし豆腐を使うと、つるんつるんで喉ごしがいい〜!!
片栗粉を加えたら、崩さないように木べらで大きく混ぜて。

おうちにある調味料で作れまーす

❀材料（4人分）
絹ごし豆腐	1丁(300g)
豚ひき肉	200g
長ねぎ(みじん切り)	1本
おろしにんにく・おろししょうが	各小さじ½
A しょうゆ	大さじ2
オイスターソース	大さじ1
砂糖・粉末鶏ガラスープの素	各小さじ2
サラダ油　片栗粉　ごま油	

❀作り方
1　豆腐は水きりして厚さ半分に切り、縦に4等分して斜めに切る。
2　フライパンにサラダ油大さじ1を熱し、ひき肉、長ねぎ、おろしにんにく、おろししょうがを炒める。肉に火が通ったら水1と½カップ、**A**、豆腐の順に加え、弱めの中火で煮る。
3　煮立ったら水溶き片栗粉(片栗粉大さじ1強、水大さじ2)を加え、木べらで大きく混ぜ合わせる。とろみをつけて、ごま油小さじ1を加える。

豪華なメイン料理に変身させちゃお！

豆腐のステーキ たっぷりきのこソース

フライパンでこんがり焼けば、ステーキ風！
きのこソースをたっぷりかけて、ごちそうにしましょ。

片栗粉をつけて焼くと味がからむよ

❀材料（2人分）
木綿豆腐(よく水きりして厚さ半分に切る)	1丁(300g)
しめじ(石づきを切ってほぐす)	½パック
A しょうゆ・酒	各大さじ1
みりん	小さじ2
砂糖	小さじ1
和風顆粒だしの素	少々
万能ねぎ(小口切り)	少々
片栗粉　サラダ油	

❀作り方
1　豆腐に片栗粉適量をまぶす。
2　フライパンにサラダ油大さじ2を熱し、1の豆腐を弱めの中火で焼く。両面がこんがり焼けたら器に取り出す。
3　フライパンにしめじ、水½カップ、**A**を入れて炒め煮し、しめじがしんなりしたら水溶き片栗粉(片栗粉小さじ1、水小さじ2)を加えてとろみをつけ、ソースごと豆腐にかける。万能ねぎをふる。

時間がないときは道具ひとつでラクチン

簡単! 超スピードごはん

忙しい日は1品でも豪華に見せたいから、鍋やホットプレートに頼っちゃう。調理を家族にまかせられるし、いろんなメニューが手早く作れて大助かり!!

3種のたれで豚しゃぶ

豚肉は片栗粉をもみ込んで鍋に入れたら、箸でいじらないこと。すると、とろとろな口あたりに。しゃぶしゃぶ用の牛肉がなくても、めちゃうまです〜!!

たれバリエで飽きずに食べられる!

✿材料(4人分)

豚こま切れ肉	400g
昆布だしの素	大さじ1と½
長ねぎ(斜め切り)	1本
しいたけ(厚めにスライス)	4枚
にんじん(短冊切り)	⅓本
豆腐(6等分に切る)	1丁
白菜(ざく切り)	⅛個
プチトマト	8個
ほうれん草(ゆでて水けを絞る)	½束
片栗粉　酒	

✿作り方

1 豚肉は片栗粉大さじ2をもみ込む。3種のたれの材料は混ぜ合わせておく。

2 土鍋に水8カップ、酒大さじ3、昆布だしの素を入れて、火にかけ、煮立ったら豚肉、野菜、豆腐各適量を入れて煮立たせる。具材に火が通ったら好みのたれにつけて食べる。

甘酢じょうゆ

しょうゆ	大さじ2
酢	大さじ5
砂糖	小さじ2

しそだれ

大葉(みじん切り)	10枚
おろしにんにく	小さじ½
しょうゆ	大さじ2
砂糖	大さじ1
おろし玉ねぎ(電子レンジ600Wで3分加熱)	½個分

ごまだれ

白練りごま・砂糖・しょうゆ・酢・白いりごま	各大さじ1
みそ・ごま油	各小さじ1

シメはそうめんで!

そうめん2束を袋の表示より少しかためにゆで、水にさらす。鍋に加えてサッと温めて器に鍋の汁といっしょに盛り、甘酢じょうゆ、粗びき黒こしょう各適量でいただいて。

トマト鍋

トマト味の鍋なら、子供たちも野菜をちゃんと食べる。
市販の鍋つゆがなくてもトマト缶があれば簡単です。

トマト缶を使えば簡単早い!

❁材料(4人分)

トマト缶	1缶
A 固形コンソメの素	2個
砂糖	大さじ1
塩	小さじ1
酢	大さじ½
ケチャップ	大さじ2
鶏もも肉(ひと口大に切る)	1枚
キャベツ(ざく切り)	⅓個
ソーセージ	4本
にんじん(短冊切り)	½本
玉ねぎ(薄切り)	½個
エリンギ(薄切り)	2本
スライスチーズ	適量

❁作り方

鍋に水3カップ、トマト缶、**A**を入れて火にかける。煮立ってきたら鶏肉、キャベツ、ソーセージ、にんじん、玉ねぎ、エリンギを入れ、ふたをして肉に火が通るまで煮る。仕上げにスライスチーズを加える。あればみじん切りしたパセリをふる。

材料をパーッと用意して、あとは鍋におまかせ

ラーメン鍋

藤原家の男子はラーメン命。肉も野菜もたくさん入れて鍋で作ると信じられないほど食べる! 鶏肉のかわりに豚こま肉でもいいよ。

野菜たっぷり。卵も入れて!

❁材料(4人分)

中華麺	3玉
卵	3個
鶏もも肉(ひと口大に切る)	1枚
A しょうゆ	大さじ4
粉末鶏ガラスープの素	大さじ1
酒・オイスターソース・ごま油	各大さじ1
おろしにんにく	大さじ½
塩・うまみ調味料	各小さじ1
キャベツ(ざく切り)	⅓個
にんじん(細切り)	小1本
乾燥きくらげ(水でもどす)	6個
にら(5cm長さのざく切り)	½束
白いりごま	少々

❁作り方

1 鍋に中華麺を入れて袋の表示時間より短めにゆでる。卵は沸騰した湯で10分ゆで、殻をむいて半分に切る。

2 土鍋に、水6カップ、**A**を入れて火にかける。煮立ってきたら、**1**の中華麺、卵、鶏肉、野菜、きくらげを入れる。いりごまをふり、野菜がやわらかくなるまで煮る。

たこは小さく刻むと
子供も食べやすいよ

栄養満点！たこ焼き

うちの生地は牛乳とたっぷりの野菜を入れるのが特徴。
味がまろやかになって、余った野菜も食べきれるから節約に！

✿材料（4人分）

たこ（小さく刻む）	150g
キャベツ（みじん切り）	¼個
にら（みじん切り）	⅓束
長ねぎ（みじん切り）	⅓本
A 卵	1個
小麦粉	200g
牛乳	1と½カップ
和風顆粒だしの素	大さじ1
卵	3個
天かす・青のり	各適量
マヨネーズ　サラダ油　ソース	

✿作り方

1 生地を作る。ボウルにキャベツ、にら、長ねぎ、**A**、水1と½カップを混ぜ合わせる。
2 卵ソースを作る。沸騰した湯に卵を入れて10分ゆで、殻をむき、フォークでつぶしてマヨネーズ大さじ6とあえる。
3 たこ焼きプレートにサラダ油適量を塗り、250度に熱する。**1**の生地を8分目ほど流し入れてたこを入れ、天かす適量をふり入れて残りの生地をプレート全体に流し入れる。焼けてきたら竹串で生地を取り込みながら裏返し、全体を色よく焼く。最後にサラダ油少々をたらし、カリッと焼く。
4 器に取り、**2**の卵ソース、ソース、青のりをかける。

ホットプレートやフライパンでチャチャッと作ろう！

モダン焼き

ふんわり焼くコツは2つ。生地は箸で空気を入れるように
軽く混ぜ、焼くときも押しつけない。これでお店の味に！

✿材料（3枚分）

キャベツ（みじん切り）	½個
A 卵	3個
小麦粉	200g
和風顆粒だしの素	大さじ½
小えび	大さじ3
焼きそば	2玉
豚こま切れ肉	200g
卵	3個
ソース・マヨネーズ・かつお節・青のり	各適量
サラダ油	

✿作り方

1 ボウルにキャベツ、**A**、水1と½カップを混ぜる。
2 ホットプレートを200度に熱し、サラダ油大さじ½をひいて、焼きそばを炒める。添付のソース1と½袋で味つけし、いったん取り出す。
3 ホットプレートにサラダ油小さじ2をひいて、**1**の生地を1人分丸く流し、豚肉適量をのせる。生地が焼けてきたら裏返し、**2**の焼きそば⅓量をのせて焼く。肉に火が通るころ、横に卵1個を落とし、へらで黄身をつぶして焼く。
4 **3**の卵が半熟状態になったら、裏返して焼きそばにのせる。ソース、マヨネーズ、かつお節、青のりを適量のせて器に盛る。残りも同様に焼く。

焼きそばと卵をのせて
ボリュームたっぷり

ビビンバチャーハン

手早く作れて、1品で栄養バランス満点のビビンバは忙しい日こそ作りたい料理。コチュジャンで本格的な味です！

全部いっしょに炒めて簡単！

❀材料(2〜3人分)

豚こま切れ肉(細切り)	100g
A 粉末鶏ガラスープの素	小さじ1強
ごま油・おろしにんにく	各小さじ1
コチュジャン	小さじ½
砂糖	大さじ1
しょうゆ	大さじ1と½
塩	ひとつまみ
こしょう	少々
卵	1個
にんじん(細切り)	½本
もやし	½袋
ご飯	丼2杯(400g)
にら(5cm長さに切る)	½束
塩　酒　片栗粉　サラダ油	
粗びき黒こしょう	

❀作り方

1 豚肉は塩ひとつまみ、酒小さじ½、片栗粉大さじ½をもみ込む。**A**を合わせておく。

2 フライパンにサラダ油小さじ1を熱し、卵を割って目玉焼きを作る。いったん取り出す。

3 フライパンにサラダ油大さじ1を熱し、豚肉、にんじん、もやしを炒める。肉の色が変わったら、ご飯を加えて炒め合わせる。にら、**A**の順に加えて全体を混ぜ合わせる。

4 器に盛り、2の目玉焼きをのせて塩、粗びき黒こしょう各少々をふる。

フライパンで牛こますき焼き

牛こま肉ってすぐ硬くなるけど、片栗粉をもみ込んでおけば大丈夫。やわらかい食感になります。わりしたも家の調味料で簡単に作れるよ〜！

片栗粉をまぶすと肉がやわらか〜

❀材料(4人分)

牛こま切れ肉	400g
A しょうゆ・酒・みりん	各½カップ
砂糖	大さじ6
和風顆粒だしの素	小さじ1
ごぼう(ささがき)	½本
にんじん(ピーラーで薄切り)	½本
ほうれん草(ゆでて水けをしぼる)	½束
白菜(ざく切り)	⅛個
豆腐(そぎ切り)	1丁
長ねぎ(斜め切り)	1本
しめじ(石づきを切ってほぐす)	1パック
卵	適量
片栗粉	

❀作り方

1 牛肉は片栗粉大さじ1と½をもみ込む。**A**のわりしたを合わせておく。

2 鍋に具材適量を入れ、**A**適量(好みの濃さ)を加えて火にかける(牛肉は火が通るまでいじらない)。具材に火が通ったら溶き卵につけていただく。わりしたが濃いときは水少々を加える。

ファミレスに行った気分でおいし〜!!
ごちそう豪華ごはんもの

オムライスにドリア、どんぶり、お寿司…。外でよく食べるご飯ものを、家でもおいしく作りたくて、いろいろ研究しました。ランチや晩ごはん、おもてなし、お弁当と、いろんな場面で役に立ちますよ〜!

デミグラオムライス

100円くらいで売ってる市販のデミグラスソースを使うと簡単。卵はのせるだけで包まないから失敗しません!

ふわ〜とろ〜の卵をのっけて

❁材料(2〜3人分)

鶏もも肉(小さめに切る)	1枚
玉ねぎ(みじん切り)	½個
ピーマン(みじん切り)	1個
ご飯	茶碗3杯(450g)
A 市販のデミグラスソース	大さじ3
ケチャップ	大さじ4
塩	ひとつまみ
B 市販のデミグラスソース	大さじ5
ソース	大さじ½
ケチャップ	大さじ2
卵	3個
バター	大さじ1
サラダ油　塩	

❁作り方

1 フライパンにサラダ油大さじ½を熱し、鶏肉、玉ねぎ、ピーマンを炒める。肉の色が変わって玉ねぎがしんなりしたらご飯、**A**を加えて炒め合わせ、器に盛る。

2 耐熱容器に**B**、水大さじ4を混ぜ、ラップをかけて電子レンジ600Wで2分加熱する。

3 ボウルに卵を溶きほぐし、塩ひとつまみを加え混ぜる。フライパンにバターを熱し、溶き卵を流し入れる。箸でひと混ぜし、半熟状態で**1**のご飯にのせる。**2**のソースをかけ、あればパセリのみじん切りをふる。

きのこのチーズリゾット

リゾットって、じつはフライパンで作れちゃうんです。
ほどよく米の芯が残って味わいも本格的。試してみて！

全部合わせて炒め煮するだけ！

❀材料（2人分）

ソーセージ（斜め4等分に切る）	6本
玉ねぎ（みじん切り）	½個
米（といでおく）	1合
しめじ（石づきを切ってほぐす）	1パック
固形コンソメの素	1個
粉チーズ	大さじ2
バター	大さじ1
オリーブ油　酒　塩	
粗びき黒こしょう	

❀作り方

1. フライパンにオリーブ油大さじ2を熱し、ソーセージ、玉ねぎ、米を炒める。
2. 玉ねぎがしんなりしてきたらしめじを加えて炒め、酒大さじ2、水1と½カップ、固形コンソメの素を加える。沸騰したらふたをして弱火で15分煮る。
3. ふたをはずして粉チーズ、バター、塩ひとつまみを加える。器に盛り、あればみじん切りしたパセリ、粗びき黒こしょう少々をふる。

子供もダンナもこれならグー！ たくさん食べてね

さつまいもと栗のドリア

ファミレスで食べた栗入りのドリアがヒント。
ほんのりした甘さがチーズとよく合いますよ。

ほくほく甘～い。子供も大好き

❀材料（4～5人分）

鶏もも肉（小さめに切る）	1枚
玉ねぎ（みじん切り）	½個
さつまいも（5mm角に切って水にさらす）	½本（150g）
しめじ（石づきを切って長さ半分に切る）	½パック
栗の甘露煮（5mm角に切る）	4個
バター	大さじ4
牛乳	3カップ
固形コンソメの素	2個
ナツメグ（あれば）	3～4ふり
温かいご飯	丼4杯（800g）
ピザ用チーズ	250g
小麦粉　塩　粗びき黒こしょう	

❀作り方

1. フライパンにバター大さじ2を熱し、鶏肉、玉ねぎ、さつまいも、しめじ、栗を炒める。肉の色が変わって玉ねぎがしんなりしたら小麦粉大さじ6をふり、全体をなじませ、牛乳を少しずつ加え混ぜる。オーブンは230度に予熱しておく。
2. 固形コンソメの素、塩ふたつまみ、水1カップを加え、ナツメグをふり入れて混ぜる。とろみが軽くついたら火を止める。
3. ボウルにご飯、バター大さじ2、塩ふたつまみ、粗びき黒こしょう適量を加えて混ぜる。
4. 耐熱容器に **3** のご飯を移し、**2** をかける。ピザ用チーズをのせてオーブンで15分焼く。

炒め煮した具材にご飯を混ぜるだけ！

ごま油の風味たっぷりのたれがおいし～

フライパンでごぼうの混ぜご飯

炊かずに混ぜ込むカンタン味ご飯。ごぼうはできるだけ薄くささがきにすると食感がよく、栄養を逃しません。

材料（4人分）
ごぼう（薄いささがき）	大½本
にんじん（細切り）	¼本
豚こま切れ肉（刻む）	100g
A　おろししょうが	小さじ½
しょうゆ	大さじ2
みりん・砂糖	各大さじ1
酒	大さじ½
温かいご飯	茶碗3杯（450g）
白いりごま	少々
サラダ油	

作り方
1 深めのフライパンにサラダ油大さじ½を熱し、豚肉、ごぼう、にんじんを炒める。ごぼうがしんなりしたら、A、水¼カップを加え、ふたをして弱めの中火で汁けがほとんどなくなるまで炒め煮する。
2 1にご飯を加えて混ぜ合わせる。器に盛り、いりごまをふる。

韓国風まぐろのづけ丼

甘辛こってりのたれに漬けるだけ。安いまぐろの赤身が驚きのおいしさです!!

材料（4人分）
まぐろ（そぎ切り）	1さく（200g）
A　しょうゆ	大さじ3
砂糖	大さじ1強
酢・ごま油	各大さじ1
みそ・おろしにんにく	各小さじ1
コチュジャン	好みで適量
ご飯	茶碗に軽く4～5杯
アボカド（1cm幅にスライス）	½個
トマト（小さく刻む）	½個
万能ねぎ（小口切り）	少々
マヨネーズ	

作り方
1 容器にまぐろ、合わせたAを入れて冷蔵庫で30分ほど漬ける。
2 器にご飯を盛り、1、アボカドをのせる。トマト、万能ねぎを散らしてマヨネーズ適量をかける。

混ぜご飯やお寿司があると、グーンとごちそう風

簡単！おいなりさん

油揚げは完全に水分がなくなるまでしっかりと煮ること。味がしみて、お店みたいにおいしくできますよ〜！

フライパンであっという間に作れます〜！

✿材料（10個分）

油揚げ（半分に切って中を開く）	5枚
温かいご飯	茶碗4杯（600g）
A 酢	大さじ4
砂糖	大さじ1と½
昆布だしの素	小さじ½
塩	ふたつまみ
B しょうゆ	大さじ2
みりん・砂糖	各大さじ3

✿作り方

1 フライパンに湯を沸かし、油揚げを1〜2分湯通しする。両手ではさんで水けを絞る。**A**を合わせてすし酢を作る。

2 **1**のフライパンの湯を捨て水けを拭いたら、油揚げ、**B**、水1と½カップを入れ、箸で裏返しながら10分ほど中火で煮る。完全に水分がなくなったら火を止め、ふたをして5分ほど蒸らす。

3 ボウルにご飯を入れ、**1**のすし酢を回しかける。しゃもじで切るように混ぜ、水分をしっかりとばして**2**の油揚げに詰める。

ラクチン！ちらし寿司

酢飯と具材をそれぞれ作るのは面倒だから、具材にすし酢を加えてご飯に混ぜるだけにしました。

具はひとまとめに作っちゃおう！

✿材料（4人分）

卵	3個
にんじん（細切り）	½本
れんこん（薄切り）	小⅔節（100g）
水煮たけのこ（細切り）	½個（100g）
干ししいたけ（スライス）	6枚
A 酢	大さじ5
砂糖	大さじ3と½
昆布だしの素	小さじ1
塩	小さじ1
しょうゆ	大さじ1
温かいご飯	茶碗5杯（750g）
スナックエンドウ（ゆでて斜め切り）	5本
刻みのり	適量
砂糖　サラダ油	

✿作り方

1 錦糸卵を作る。卵は溶きほぐして、砂糖大さじ1強を混ぜ合わせる。26cmのフライパンにサラダ油小さじ½を熱して卵液を半分流し入れ、弱火で焼く。端が乾いてきたら裏返し、軽く焼いて取り出す。残りの卵液も同様に作り、さめてから細切りにする。

2 にんじんはラップをかけて、電子レンジ600Wで1分40秒加熱する。

3 フライパンに水1と½カップ、れんこん、たけのこ、干ししいたけを入れて中火にかける。完全に水分がなくなったら火を止め、**2**のにんじん、合わせた**A**を加えて混ぜる。

4 ボウルにご飯を入れて**3**を加え、全体を混ぜ合わせる。器に盛り、**1**の錦糸卵、刻みのりをのせ、スナックエンドウを飾る。

和・洋・中・エスニック、いろいろありま～す！

家で作れる おいし～麺

ラーメン屋の娘の私、麺が大好きなダンナと子供。こんな藤原家だから、麺類の登場率はめちゃめちゃ高い！味にも、とことんこだわります。めざすはお店の味！自信作がたくさんできたのでぜひ作ってみてくださいね!!

極太麺で作るのが おいしさの秘訣

油そば

油そばにはこだわりがあるダンナ、極太麺がおいしいというので作ってみたら、うん、バッチリ！食べるとき、みんなの前で温玉を割ると盛り上がりますよ！

❀材料（2人分）

豚こま切れ肉	150g
卵	2個
つけ麺用中華麺	2玉(260g)
A しょうゆ・オイスターソース・ごま油	各大さじ1
酢・砂糖	各小さじ1
おろしにんにく	小さじ½
粉末鶏ガラスープの素	小さじ½
和風顆粒だしの素・うまみ調味料	各小さじ½
片栗粉　サラダ油	

❀作り方

1 豚肉は片栗粉大さじ½をまぶす。卵は沸騰したお湯に入れ、火を止めて20分おき、温泉卵を作る。

2 中華麺を袋の表示どおりにゆでてざるにあげる。Aのたれを合わせる。

3 フライパンにサラダ油小さじ1を熱し、豚肉を焼く。Aのたれを少々加えてからめる。2の中華麺を加え、残りのたれを回しかける。器に盛り、1の温泉卵を割り入れる。

鶏パイタン麺

ガラスープ＆昆布のW使いで、いいうまみ！
胸肉は火を通しすぎるとパサつくから、サッとあげてね。

鶏胸肉がしっとり、さっぱり

✿材料（2人分）

鶏胸肉（2cm幅のそぎ切り）	1枚
中華麺	2玉
A 粉末鶏ガラスープの素・塩	各大さじ½強
おろししょうが	小さじ½
昆布だしの素・うまみ調味料	各小さじ½
酒	大さじ1
ごま油	小さじ2
こしょう	少々
万能ねぎ（小口切り）	少々
白いりごま	少々

✿作り方

1　中華麺は袋の表示どおりにゆでる。
2　鍋に水4カップ、Aを煮立てる。沸騰したら鶏肉を加え、ふたをしてサッと火を通し、肉をいったん取り出す。
3　器に1の麺を入れ、2のスープを網でこして注ぐ。2の肉、万能ねぎをのせ、いりごまをふる。

お店で食べるような味になりますよ～

パッタイ

パッタイはね、タイの焼きそばのこと。輸入食材店で買える
タイビーフンで作るともっと本場っぽい！

タイで食べてから大好きになりました

✿材料（2人分）

太めのビーフン（なければ細いうどんでも）	150g
おろしにんにく	小さじ1
にんじん	⅓本
もやし	½袋
卵	2個
小えび	大さじ4
にら（ざく切り）	½束
A 粉末鶏ガラスープの素	大さじ½
ナンプラー・砂糖	各小さじ2
しょうゆ	小さじ1
カシューナッツ（袋に入れて棒で叩いて砕く）	適量
レモン（くし形に切る）	¼個
サラダ油	

✿作り方

1　鍋に湯を沸かし、ビーフンを3～4分ほど少しかためにゆでる（麺がくっつかないようにときどき混ぜる）。
2　フライパンにサラダ油大さじ2を熱し、おろしにんにく、にんじん、もやしを炒める。にんじんがしんなりしたら1のビーフンを加え、箸でほぐしながら炒め合わせる（麺がくっつくときはサラダ油大さじ1を足す）。
3　フライパンの端をあけて溶いた卵を流し入れ、箸で混ぜる。小えび、にら、Aを加えて炒め合わせる。
4　器に盛り、カシューナッツを散らしてレモンを添える。

子供たちにも人気のメニューです

なすとトマトのボロネーゼ

なすはトマト缶で煮込んでパスタソースにすると子供たちがよく食べる！ ひき肉たっぷりでボリュームあります。

✿材料(4人分)

なす(縦半分、横3等分に切る)	2本
豚ひき肉	200g
玉ねぎ(みじん切り)	1個
おろしにんにく	小さじ2
トマト缶	1缶
A 固形コンソメの素	2個
ケチャップ	大さじ4
砂糖	大さじ1と½
塩	小さじ½強
スパゲッティ	400g
プチトマト(へたを取る)	8個
オリーブ油　小麦粉　塩	

✿作り方

1 フライパンになすを入れ、オリーブ油大さじ2を回しかける。中火でしんなりするまで両面炒め、いったん取り出す。

2 フライパンにひき肉、玉ねぎ、おろしにんにくを炒め、肉の色が変わったら、小麦粉大さじ6を加えてさらに炒める。粉っぽさがなくなったら水2と½カップを少しずつ加えながら混ぜる。トマト缶、**A**を加えて弱めの中火で軽くとろみがつくまで煮る。

3 鍋に湯を沸かし、塩適量、スパゲッティを入れて袋の表示どおりにゆでる。

4 **2**になす、プチトマトを加えてサッと火を通す。器にスパゲッティを盛り、ソースをかける。

鶏と白菜のパスタグラタン

パスタは別にゆでずに、ソースに加えていっしょに煮れば洗いものが減ってラクチン。鶏肉の代わりにソーセージでも！

ソースもパスタもフライパンひとつで！

✿材料(4人分)

スパゲッティ	250g
鶏もも肉(小さめのひと口大に切る)	1枚
玉ねぎ(薄切り)	½個
白菜(小さめにざく切り)	2枚
しめじ(手でほぐす)	⅓パック
バター	大さじ4
牛乳	3カップ
顆粒コンソメの素	大さじ1
ピザ用チーズ	適量
塩　こしょう　小麦粉	

✿作り方

1 フライパンにバターを熱して鶏肉を炒める。塩、こしょう各少々で調味し、玉ねぎ、白菜、しめじを加える。オーブンは230度に予熱しておく。

2 玉ねぎがしんなりしたら、小麦粉大さじ6を入れてなじませ、牛乳を少しずつ加えて混ぜる。水4カップを加え、煮立ったらスパゲッティを半分に折って加え、ふたをして袋の表示どおりにゆでる(ときどき混ぜる)。

3 顆粒コンソメの素、塩、こしょう各適量で調味し、耐熱容器に移す。ピザ用チーズをのせ、オーブンで15〜20分焼く。

夏野菜の塩だれそうめん

そうめんだけだともの足りないから、野菜ものせて
ビタミンたっぷりでいただきましょ。夏におすすめ！

✿材料（2人分）

そうめん	200g
A 粉末鶏ガラスープの素	小さじ2
塩	小さじ1
ごま油	大さじ3
おろしにんにく	小さじ1
昆布だしの素	小さじ1
うまみ調味料	小さじ½
なす（乱切り）	大1本
オクラ（斜め切り）	4本
プチトマト（へたを取って4等分に切る）	4個
レタス（食べやすくちぎる）	2枚
白いりごま	少々
サラダ油　塩	

✿作り方

1 小鍋に水½カップ、**A**を入れてひと煮立ちさせ、容器に移して冷蔵庫で冷やす。

2 そうめんを袋の表示どおりにゆで、氷水でしっかり冷やす。

3 フライパンにサラダ油大さじ2を熱し、なすを炒める。しんなりしたらオクラを加えて炒め、塩適量で調味する。器にレタスを敷いて水けをよくきったそうめんを盛り、野菜をのせ、プチトマトを飾る。**1**の塩だれを回しかけ、いりごまをふる。

キンキンに冷やして食べるとサイコー！

晩ごはんはもちろん、ランチにもおすすめです

ぶっかけうどん

卵黄と濃いめのつけ汁を
からめるだけ。シンプルなのに、
これがおいしいんだ〜！　残った卵の
白身はみそ汁などに入れてもいいね。

めっちゃ簡単！うまつゆをかけるだけ

✿材料（2人分）

生うどん（太め）	2玉
A しょうゆ	大さじ3
みりん・砂糖	各小さじ2
和風顆粒だしの素	小さじ½
万能ねぎ（小口切り）	¼束
卵黄	2個分
天かす・白いりごま	各適量

✿作り方

1 うどんは袋の表示どおりにゆでる。

2 器に**1**のうどんを盛り、万能ねぎ、天かす、卵黄をのせ、いりごまをふる。合わせた**A**をかける。

あともう1品ほしい！ そんなときにおすすめの
野菜のサブおかず

ボリュームが足りないときや、バランスが偏ってしまったときは余った野菜でサッと作れる簡単おかずを1品用意します。ちょっとだけでも、あるのとないのでは大違い。ワンプレートのつけ合わせにも便利！

想像以上のおいしさですよ〜！

パリパリ感を残すのがコツ

お好みで唐辛子を入れても

ピーマンのきんぴら

中華風の味つけでサッと炒めるだけ。にんじんやピーマンの苦みを感じないから子供も食べられます！

❀ 材料(4人分)

ピーマン(縦に細切り)	4個
にんじん(せん切り)	½本
A オイスターソース	小さじ2
粉末鶏ガラスープの素	ひとつまみ
みりん	小さじ1
白いりごま	少々
ごま油	

❀ 作り方

フライパンにごま油小さじ2を熱し、ピーマン、にんじんを炒める。にんじんがしんなりしたら**A**を加えて炒め合わせる。器に盛り、いりごまをふる。

ごぼうの中華風漬けもの

ごぼう1本使いきれる簡単漬けもの。ゆでたら熱いうちに漬けだれに合わせると、味がしっかり入ります。

❀ 材料(4人分)

ごぼう(5cm長さの細切り)	1本
A しょうゆ・酢	各大さじ2
砂糖・ごま油	各大さじ1
赤唐辛子	少々

❀ 作り方

ごぼうは歯ごたえが残るくらいに熱湯で5分ほどゆで、ざるにあげる。熱いうちに**A**と合わせ、冷蔵庫で30分ほど冷やす。

たけのこメンマ

本物のメンマのかわりに水煮たけのこで代用！おつまみにもいいよ〜。

❀ 材料(4人分)

水煮たけのこ(薄切りして水で洗う)	2パック(300g)
A 酒	大さじ4
しょうゆ	大さじ3
砂糖	大さじ1と½強
うまみ調味料	少々
ごま油	大さじ1

❀ 作り方

鍋にたけのこ、**A**、水1カップを入れて弱めの中火で10分ほど煮る。汁けが⅓に減ったら火を止める。

3品目のコールスロー

コーンを加えると彩りがキレイ！
にんじんはできるだけ細かく
切ると食感がよくなります。

❀ 材料(4人分)

キャベツ(みじん切り)	½個
にんじん(細かくみじん切り)	⅓本
コーン缶(汁を捨てる)	1缶(200g)
A 酢	大さじ2
砂糖	小さじ2
塩　マヨネーズ	

❀ 作り方

ボウルにキャベツ、にんじんを入れ、塩ふたつまみを加えてもみ込む。10分ほどおいて水けをしっかり絞り、Aであえる。コーン、マヨネーズ大さじ5を加えて混ぜる。

野菜を刻んで混ぜるだけ〜

デリ風ポテトサラダ

サラダ専門店みたいにおしゃれで
具だくさん！ 野菜はしっかり
水をきってからあえてね。

❀ 材料(4人分)

じゃがいも(4等分)	3個
ブロッコリー(小房に分ける)	¼株
きゅうり(斜め薄切り)	1本
玉ねぎ(繊維を断つように薄切りして水にさらす)	¼個
パプリカ(赤)(長さ半分に切って細切り)	¼個
レタス(ざく切り)	2〜3枚
酢　砂糖　マヨネーズ	

❀ 作り方

1 じゃがいも、ブロッコリーはそれぞれラップをかけて電子レンジ600Wで6分(ブロッコリーは2分)加熱する。じゃがいもは熱いうちにつぶして酢大さじ2、砂糖大さじ1を加えて混ぜる。
2 ボウルに**1**、野菜、酢大さじ2、砂糖大さじ1と½、マヨネーズ大さじ6を加えてざっくり混ぜ合わせる。

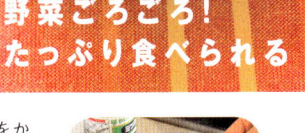

野菜ごろごろ！
たっぷり食べられる

オイキムチ

きゅうりは串で刺すと塩分が
入りやすく早く漬かります。
赤唐辛子を入れてピリ辛てもグー！

❀ 材料(4人分)

きゅうり	4本
大根(せん切り)	¼本
にんじん(せん切り)	½本
A 昆布だしの素	小さじ1と½
酢	大さじ3
砂糖	大さじ2と½
塩	

❀ 作り方

1 きゅうりは竹串で全体に穴をあけ、まん中に切れ目を入れて3等分に切る。1本あたり塩小さじ½をもみ込んで、常温で2時間おく。
2 大根、にんじんはボウルに入れ、塩小さじ1をまぶして30分ほどおき、水けを絞る。
3 きゅうりの切れ目に**2**の大根、にんじんをはさんで保存袋に入れ、**A**、水¾カップを加えて冷蔵庫で2時間以上冷やす(途中で引っくり返す)。

早めに作って冷やしておきましょ

どれも作りおきができるから、たくさん作っておこう！

> 具だくさんだから食べごたえあり!

ほかほか〜おかずスープ

汁ものもおかずのひとつと考えているので、いつも具だくさん。"食べるスープ"で楽しんでいます。和洋中エスニックと、献立に合わせて添えると一段と豪華になりますよ!

野菜たっぷり やさしい〜味!

鶏胸肉はサッと火を通すとやわらか

シーフードミックスですぐ作れる

和風ミルクスープ

やさしい味で、和食にも合います。風味がとばないよう、ぐらぐら煮立てずゆっくり火を通して。

❀ 材料（4人分）

ほうれん草（5cm長さに切る）	3〜4株
にんじん（短冊切り）	1/3本
長ねぎ（斜め切り）	1/2本
牛乳	1と1/2カップ
和風顆粒だしの素	小さじ2
粉末鶏ガラスープの素	小さじ1
しょうゆ　みりん　酒	

❀ 作り方

鍋にすべての材料、しょうゆ、みりん、酒各大さじ1、水1と1/2カップを入れ、弱火でにんじんがやわらかくなるまで煮る。

フォー風スープ

ベトナムの麺料理、フォーみたいなさっぱり味です。そうめん、ラーメンなど麺を入れてもgood！

❀ 材料（4人分）

鶏胸肉（そぎ切り）	1/2枚
A おろししょうが	小さじ1/2
ナンプラー	大さじ2
粉末鶏ガラスープの素	大さじ1/2
塩	ひとつまみ
白髪ねぎ	少々
万能ねぎ（小口切り）	1/3束
レモン（くし形切り）	1/4個

❀ 作り方

鍋に水4カップ、**A**、鶏肉の順に入れて煮立てる。アクを取り、鶏肉に火が通ったら白髪ねぎ、万能ねぎを加える。器に盛り、レモンを添える。

ブイヤベース風スープ

魚介類のうまみがたっぷりのブイヤベースを再現。おいしさの秘密は隠し味のオイスターソース！

❀ 材料（4人分）

冷凍シーフードミックス	150g
トマト缶	1缶
キャベツ（ざく切り）	1/4個
にんじん（短冊切り）	1/3本
玉ねぎ（薄切り）	1/4個
干しえび	大さじ1
固形コンソメの素	2個
おろしにんにく	小さじ1
酒　オイスターソース　砂糖　オリーブ油	

❀ 作り方

鍋にすべての材料、水3カップ、酒、オイスターソース各大さじ2、砂糖大さじ1/2、オリーブ油大さじ1を入れて火にかけ、野菜がやわらかくなるまで煮る。

オニオングラタンスープ

玉ねぎをあめ色にするのは時間がかかるけど、ふたをすればスピードアップ。食パンをのせて焼けば朝食にもぴったり！

❁材料（4人分）

玉ねぎ（薄切り）	1個
バター	大さじ2
おろしにんにく	小さじ½
ソーセージ（1cm幅の輪切り）	6本
A 固形コンソメの素	2個
酒	大さじ2
しょうゆ	小さじ2
塩	ふたつまみ
こしょう	少々
食パン（器に入る大きさに切る）	4枚
ピザ用チーズ	120g

❁作り方

1 鍋にバターを熱し、おろしにんにく、ソーセージ、玉ねぎを炒める。ふたをして、弱火で蒸し焼く。玉ねぎの色が変わってきたらふたを取り、弱めの中火で炒める。
2 水4カップ、**A**を加えて煮立たせる。器に注ぎ、食パン各1枚、ピザ用チーズ各30gをのせ、オーブントースター1000Wで4分焼く。あればパセリのみじん切りをふる。

食パンでおいしくできるよ

担々みそスープ

ひき肉を炒めたら、残りすべての材料を入れて煮るだけ！コクがあっておいしいですよ～。

❁材料（4人分）

豚ひき肉	100g
にんじん（せん切り）	⅓本
しいたけ（スライス）	2個
チンゲン菜（3cm長さに切る）	½株
A 粉末鶏ガラスープの素	小さじ2
みそ	大さじ2と½
しょうゆ・砂糖	各小さじ2
白いりごま	大さじ1
塩・うまみ調味料・こしょう	各適量
ごま油	

❁作り方

鍋にごま油大さじ1を熱し、ひき肉を炒める。肉の色が変わったらにんじんを加えて炒め、しいたけ、チンゲン菜を加えてサッと炒める。水4カップ、**A**を加えて煮立て、野菜がやわらかくなるまで煮る。

中華のおかずにぴったり！

シチューポットパイ

憧れのパイスープも、冷凍パイシートを使うと簡単！伸ばしすぎると破けるから気をつけて。

❁材料（直径10cmのココット4個分）

冷凍パイシート	2枚
バター	大さじ2
ソーセージ（1cm幅の輪切り）	6本
玉ねぎ（みじん切り）	1個
にんじん（みじん切り）	½本
牛乳	3カップ
固形コンソメの素	2個
塩　こしょう　小麦粉	

❁作り方

1 パイシートは常温に20～30分おき、半分に切ってめん棒で器より少し大きめに軽くのばす。オーブンは200度に予熱しておく。 
2 フライパンにバターを溶かし、ソーセージ、玉ねぎ、にんじんを中火で炒め、塩、こしょう各適量で調味する。小麦粉大さじ3を加えて全体になじませ、牛乳を少しずつ加えて泡立て器で混ぜる。水1カップ、固形コンソメの素、塩、こしょう各少々加え、火を止めて少しさます。
3 **2**をココットに入れ、**1**のパイシートをココットの上にかぶせる。ふちを器にぴったりくっつけ、オーブンで15分焼く（焦げそうになったら、途中でアルミホイルをかぶせる）。

サクッと皮を割るときが楽し～

ごちそうスープでホッと温まる～！

> 買うより安上がり！

手軽でおいしい！手作りのたれ＆ドレッシング

たれやドレッシングって、話題のものや新しいものも試したいけど、買っても使いきれないことがありますよね。だから、私は自分で作っちゃう！家にある調味料を合わせるだけだから簡単！しっかり節約もできます!!

ご飯にのせたり、トッピングしたり 食べるラー油

こんな料理に
豆腐、蒸し野菜、ご飯、サラダ、麺、丼、焼き肉などなど…市販のものと同じように何でもOK！

❀材料（作りやすい分量）
にんにく（芯を取ってみじん切り）…6個
玉ねぎ（みじん切り）…1個
A かつお節…20g
　干しえび（または小えび）…25g
　しょうゆ・白いりごま…各大さじ2
　コチュジャン…大さじ3
　砂糖…小さじ½
　ごま油…½カップ
サラダ油

❀作り方
フライパンにサラダ油½カップ、にんにく、玉ねぎを入れて火にかける。ふつふつしたらふたをし、弱めの中火で10分炒める。玉ねぎがしんなりしたらふたをとってAを加え、弱めの中火で5分ほどしっかり炒める。

蒸し野菜などにぴったり バーニャカウダソース

こんな料理に
おすすめは蒸し野菜や生野菜サラダ。アンチョビペーストは輸入食材店で買えますよ。

❀材料（作りやすい分量）
牛乳…¾カップ
アンチョビペースト…15g
おろしにんにく…大さじ1
オリーブ油　粗びき黒こしょう

❀作り方
小鍋に牛乳、アンチョビペースト、おろしにんにくをすべて入れ、泡立て器で混ぜる。弱火にかけ、沸騰させないように温め、オリーブ油大さじ1を加え、ひと混ぜして粗びき黒こしょうをふる。

野菜や肉、ハンバーグにも！ しそだれ

こんな料理に
しゃぶしゃぶのたれ、ステーキ、グリルした鶏肉など肉料理に。大葉が安いときに作ってみて。

❀材料（作りやすい分量）
大葉（みじん切り）…10枚
玉ねぎ（すりおろす）…½個
おろしにんにく…小さじ½
しょうゆ　砂糖

❀作り方
玉ねぎは容器に入れてラップをかけ、電子レンジ600Wで3分加熱する。熱いうちにしょうゆ大さじ2、砂糖大さじ1、大葉、おろしにんにくを加えて混ぜる。

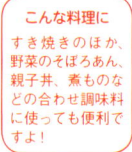

照り焼き系のこってり味 焼きとりのたれ

こんな料理に
焼きとりのほか豆腐のつくね、ソテーした豚肉、ハンバーグに。水溶き片栗粉でとろみをつけるとよくからむ。

❀材料（作りやすい分量）
しょうゆ…大さじ4
砂糖・みりん…各大さじ3
酒・オイスターソース…大さじ2

❀作り方
材料すべてを混ぜ合わせる。濃いときは水適量で調節する。

煮ものやつゆのベースに わりした

こんな料理に
すき焼きのほか、野菜のそぼろあん、親子丼、煮ものなどの合わせ調味料に使っても便利ですよ！

❀材料（作りやすい分量）
しょうゆ・酒・みりん…各½カップ
砂糖…大さじ6
和風顆粒だしの素…小さじ1

❀作り方
材料すべてを混ぜ合わせる。濃いときは水適量で調節する。

いろんな野菜に合いますよ～ コブドレッシング

こんな料理に
アメリカのシェフ、コブさんが作ったという鶏肉やゆで卵入りの具だくさんサラダによく合います。

❀材料（作りやすい分量）
マヨネーズ…大さじ4
ケチャップ…大さじ1
酢…小さじ1
顆粒コンソメの素…小さじ1
砂糖・粉チーズ…各小さじ1
マスタード…小さじ½

❀作り方
材料すべてを混ぜ合わせる。

私のおすすめ！ いろいろ使える 作りおきの肉そぼろ

お昼ごはんは残りもののアレンジなどで簡単にすませていますが、この肉そぼろも作っておくと便利！　丼、カレー、うどんなどひとり分のごはんがすぐ作れるんです。もちろん、おかずやお弁当にも。冷蔵で5日間、冷凍なら2週間は大丈夫。

あっという間にできちゃう！ 肉そぼろの作り方

❀材料（作りやすい分量）

豚ひき肉	500g
A しょうゆ	大さじ4
砂糖・酒・みりん	各大さじ2

❀作り方
フライパンでひき肉を炒め、Aを加えて全体に味をからめる。

こんなに活躍〜！ 肉そぼろ簡単アレンジ

和風キーマカレー

❀材料（2人分）
肉そぼろ…大さじ5　　カレールウ…2片（50g）
卵…2個　　　　　　　ご飯…茶碗2杯
玉ねぎ（みじん切り）…½個　片栗粉
おろししょうが…小さじ½

❀作り方
1　沸騰した湯に卵を入れ、火を止めて20分おく。
2　フライパンに肉そぼろ、玉ねぎ、おろししょうが、水2カップを入れて火にかける。沸騰したらふたをして中火で2〜3分煮込む。
3　火を止めてカレールウを加えて溶かし、水溶き片栗粉（片栗粉大さじ1、水大さじ2）を加え、とろみがついたら火を止める。器にご飯を盛り、カレーをかけて1の温泉卵を割り入れる。

卵とじ丼

❀材料（2人分）
肉そぼろ…大さじ4
玉ねぎ（薄切り）…½個
卵…2個
和風顆粒だしの素…小さじ1
ご飯…丼2杯
刻みのり…適量

❀作り方
フライパンに水¾カップ、和風顆粒だしの素、肉そぼろ、玉ねぎを入れ、ふたをして火にかける。玉ねぎがしんなりしたら溶き卵を流し、箸で混ぜて火を通す。器にご飯を盛り、卵とじをのせ、刻みのりを添える。

ジャージャーうどん

❀材料（1人分）
肉そぼろ…大さじ5
生うどん…1玉
白髪ねぎ…10cm分
みそ　ごま油

❀作り方
1　うどんは袋の表示どおりにゆでる。肉そぼろは、みそ大さじ½、ごま油大さじ½と混ぜる。
2　器にうどんを盛り、肉みそ、白髪ねぎをのせる。

毎日ごはんの小さな工夫
みきママ魔法のアイデア集！ ③

子供に食べさせる工夫を楽しみましょ

子供は野菜があまり好きじゃないので、おいしく食べられるようにいろいろ工夫を凝らしてます。ケチャップ味にしたり、形をわからないように混ぜたり小さく切ったり…効果ありますよ！

にんじんは切り方を変えて食べやすくします

切り方で食べる量って変わります。にんじんの場合、サラダならせん切り、煮ものや炒めものならひと口で食べられる大きさにするとよく食べます！

苦みのある野菜は、ご飯がすすむみそで味つけ！

野菜いっぱいの炒めものも、みそ味にするとけっこう食べてくれるんです。小松菜、ゴーヤなど子供が苦いと感じる青野菜もこの手で！

おろし玉ねぎはチンすると苦みがとれる

玉ねぎの辛み成分は加熱でやわらぐので、ドレッシングに使うときはレンジでチン。ドレッシングがおいしいと、苦手な生野菜もよく食べてくれるんですよ。

小松菜やほうれん草は大好きなポタージュに

子供はポタージュスープが大好き。小松菜、ほうれん草などえぐみのある野菜も、ポタージュにすれば喜んで飲みます。にんじんやじゃがいももおすすめ。

いっしょに買い物に行って興味を持たせます

スーパーに買い物に行くときは子供たちもいっしょ。魚や野菜を見せると食材に興味を持つようになり、出されたものもちゃんと食べるようになります。

苦手なものは、大好きなおかずといっしょに！

メインに子供の好きなものを出すとき、サブはあえて苦手なものにするときもあります。好きなものにつられて、嫌いなものも手を出しやすくなるみたい！

好きなソース味の料理は野菜たっぷりで

はる兄はソース好きなので、お好み焼き、焼きそばなどのときは、野菜を細かく刻んでたっぷり入れます。ソース味のおかげでよく食べる！

繊維の多い葉っぱは細か〜く刻むといいですよ

キャベツ、白菜など繊維が多くて硬い野菜は、せん切りやみじん切りに。細かく刻んで、歯ごたえをなくしたほうが食べやすいみたいです！

トマト味にすると、魚も野菜もよく食べます

トマトそのものより、ちょっと甘いケチャップ風の味が好き。鍋やスパゲッティ、煮ものもトマト味にして、野菜をたくさん食べさせてます。